Happy
Girl

Catalogage avant publication de Bibliothèque et Archives nationales du Québec et Bibliothèque et Archives Canada

Gauthier, Caroline

    Happy Girl

    2e édition

    (Collection Croissance personnelle)

    Publ. à l'origine dans la coll. : Collection Psychologie. c2002.

    Texte en français seulement.

    ISBN 978-2-7640-1657-2

    1. Femmes – Morale pratique. 2. Bonheur. I. Titre. II. Collection : Collection Croissance personnelle.

BJ1610.G38 2010   170.82   C2010-941784-4

Dépôt légal : 2010
Bibliothèque et Archives nationales du Québec

Pour en savoir davantage sur nos publications, visitez notre site : www.quebecoreditions.com

Éditeur : Jacques Simard
Conception de la couverture : Bernard Langlois
Illustration de la couverture : Getty Images
Infographie : Claude Bergeron

Imprimé au Canada

Gouvernement du Québec – Programme de crédit d'impôt pour l'édition de livres – Gestion SODEC.

L'Éditeur bénéficie du soutien de la Société de développement des entreprises culturelles du Québec pour son programme d'édition.

Nous reconnaissons l'aide financière du gouvernement du Canada par l'entremise du Fonds du livre du Canada pour nos activités d'édition.

DISTRIBUTEURS EXCLUSIFS :

• Pour le Canada et les États-Unis :
MESSAGERIES ADP*
2315, rue de la Province
Longueuil, Québec J4G 1G4
Tél. : (450) 640-1237
Télécopieur : (450) 674-6237
* une division du Groupe Sogides inc.,
filiale du Groupe Livre Quebecor Média inc.

• Pour la France et les autres pays :
INTERFORUM editis
Immeuble Paryseine, 3, Allée de la Seine
94854 Ivry CEDEX
Tél. : 33 (0) 4 49 59 11 56/91
Télécopieur : 33 (0) 1 49 59 11 33
Service commande France Métropolitaine
Tél. : 33 (0) 2 38 32 71 00
Télécopieur : 33 (0) 2 38 32 71 28
Internet : www.interforum.fr
Service commandes Export – DOM-TOM
Télécopieur : 33 (0) 2 38 32 78 86
Internet : www.interforum.fr
Courriel : cdes-export@interforum.fr

• Pour la Suisse :
INTERFORUM editis SUISSE
Case postale 69 – CH 1701 Fribourg
– Suisse
Tél. : 41 (0) 26 460 80 60
Télécopieur : 41 (0) 26 460 80 68
Internet : www.interforumsuisse.ch
Courriel : office@interforumsuisse.ch
Distributeur : OLF S.A.
ZI. 3, Corminbœuf
Case postale 1061 – CH 1701 Fribourg
– Suisse
Commandes : Tél. : 41 (0) 26 467 53 33
Télécopieur : 41 (0) 26 467 54 66
Internet : www.olf.ch
Courriel : information@olf.ch

• Pour la Belgique et le Luxembourg :
INTERFORUM BENELUX S.A.
Fond Jean-Pâques, 6
B-1348 Louvain-La-Neuve
Tél. : 00 32 10 42 03 20
Télécopieur : 00 32 10 41 20 24

Caroline
Gauthier

Happy
Girl

Trucs et astuces
pour une vie
heureuse

2e édition

LES ÉDITIONS
Quebecor

Une compagnie de Quebecor Media

REMERCIEMENTS

Pour la réalisation de ce livre, je ne peux passer sous silence la collaboration de toutes les filles qui ont bien voulu se livrer, sincèrement, sans se cacher. Vous trouverez donc, parsemés dans ce livre, les témoignages d'apprenties Happy Girls, de Happy Girls assumées et de Happy Girls qui s'ignorent. Au fil de leurs mots, elles nous démontrent qu'elles sont un peu le miroir de chacune d'entre nous et nous prouvent sans aucun doute qu'être une fille dans la vie, c'est mieux que tout.

À Miss LiLi, à Laurence, à Léa, à Lucie, à Agathe, à Solange, à Sophie, à Myriam, à Virginie, à Anne et à Marianne, merci beaucoup!

Et un merci tout spécial aux hommes qui ont bien voulu se révéler, afin qu'on les comprenne un peu plus... et qui nous prouvent sans aucun doute qu'être une fille dans la vie, c'est mieux que tout.

À Bill, à Antoine, à Martin, à Didier, à Paul, à Damien, à Marcel, à Samuel et à Daniel, merci beaucoup!

Merci aussi à Ianik, à Omar, à Julie, à Guylaine, à Geneviève, à Catherine et à Cathy, pour leurs bons conseils et leurs idées folles.

LE BONHEUR D'ÊTRE UNE HAPPY GIRL

Une Happy Girl est une fille heureuse qui prend sa vie en main et qui la mène par le bout du nez. Une Happy Girl sait que la vie est courte et qu'il faut en profiter, qu'il ne faut rien se refuser pour ne rien regretter. Elle n'a pas de remords parce qu'elle a au moins essayé. Une Happy Girl est une amie de rêve, une amoureuse exceptionnelle, une personne unique et extraordinaire. Et chacune d'entre nous peut être une Happy Girl.

Être une Happy Girl, c'est réussir tout ce qu'on veut dans la vie parce qu'on en a le pouvoir, les moyens, parce qu'on ne regarde pas en arrière, parce qu'on sait que le bonheur est la meilleure arme pour obtenir ce que l'on veut. Chacune de nous peut chercher la petite Happy Girl qui sommeille au fond d'elle-même. Et quand elle la trouve, sa vie devient un film à succès dont la «chanson thème» est chantée par Céline Dion.

Il faut apprendre à être une Happy Girl comme on a appris à être gentille, polie, séduisante, efficace, productive, sexy, indispensable. Si on veut que la vie change, il faut se changer soi-même. Il faut se transformer en une Happy Girl, comme Selena Kyle en Catwoman.

Vous pouvez devenir la fille que vous avez toujours rêvé d'être, la fille que vous êtes réellement au fond, une Happy Girl.

Cette fille heureuse est en vous, cachée dans un fouillis où se mêlent vos pensées négatives, vos mauvais choix et vos actes manqués. Sortez vos chiffons, votre vadrouille, appelez une femme de ménage, mais faites de la place pour lui permettre de sortir. Votre bonheur, c'est maintenant, et pour l'atteindre, il n'y a que vous.

Pour réussir dans la vie, notre plus grand atout, c'est le bonheur. Mais pas n'importe quel bonheur, le nôtre. Le bonheur est quelque chose de très personnel, quelque chose qui vient de nous, quelque chose qu'on a à trouver au fond de nous.

Une Happy Girl se sert de son bonheur, du pouvoir qu'elle a sur sa vie, pour se libérer de ses chaînes et partir au grand galop vers la liberté. La liberté qu'elle a choisie.

Les filles, êtes-vous heureuses?

«Oui et non. Je suis en période de restructuration en ce moment, alors j'ai des hauts et des bas.»
Miss Lili, 29 ans

«Globalement oui, je suis heureuse. Parce que j'ai appris à me connaître et à me respecter. Je fais donc ce que j'aime. Je connais mes forces et j'essaie de les utiliser. Je connais aussi mes limites et tout en essayant de m'améliorer et de les repousser, je les respecte. J'essaie d'agir en fonction de mes valeurs et non pas de celles des autres. J'avance dans la vie, j'atteins tranquillement, mais sûrement, mes buts.»
Léa, 29 ans

«Oui, parce que je l'ai décidé.»
Marianne, 44 ans

«Oui, parce que je prends des antidépresseurs! Sans blague! je suis heureuse parce que, pour la première fois de ma vie, je mène vraiment ma barque. Même si je n'ai pas tous les jours le pied marin, je trouve que ça navigue mieux que de laisser les autres prendre le gouvernail comme je l'ai souvent fait.»

Lucie, 30 ans

«Oui, parce que j'essaie tout le temps de vivre ma vie à fond avec des gens que j'aime et qui m'aiment.».

Agathe, 32 ans

«Fatiguée, mais heureuse. Je me trouve chanceuse d'avoir la vie que j'ai.»

Solange, 32 ans

«En général oui, sauf quand mon ex vient foutre le bordel! Ah! Les hommes!»

Myriam, 26 ans

«Je voudrais bien ajouter l'amour à ma vie, mais je ne suis pas malheureuse.»

Fanny, 27 ans

«Je crois bien que je suis heureuse. Je suis triste parfois, mais jamais malheureuse. Ça fait pas si longtemps que je suis en paix avec moi-même. Enfin! Je pense qu'il était temps.»

Sophie, 30 ans

«Oui, parce que ça fait partie de ma philosophie de vie. Pour moi, c'est un état d'être, pas un aboutissement. Je suis heureuse parce que je le veux bien, et quand ça ne va pas comme je le veux, je regarde qui je suis, ce que j'ai (mes deux enfants), je respire un bon coup et je me dis que ça pourrait être pire!»

Laurence, 35 ans

Vous êtes une fille, alors vous avez déjà une longueur d'avance sur la vie. Être une fille, c'est rouler en Roll's Royce; être une Happy Girl, une fille heureuse, c'est avoir le chauffeur qui vient avec la Roll's. Une Happy Girl sait faire sa place, change tout ce qu'elle touche en or et avance dans la vie en surmontant les obstacles avec dignité.

Être une Happy Girl demande du temps, de l'attention et du travail, mais cela demande surtout du gros bon sens, de la bonne foi et de l'imagination. Il n'y a qu'un pas entre imaginer qu'on est une Happy Girl et l'être réellement. Le bonheur ne nous tombe pas dessus par hasard, il faut le trouver. Peu importe où vous en êtes dans votre vie, courir la chance d'être heureuse n'est pas très risqué, et il n'est jamais trop tôt ni trop tard.

Devenir une Happy Girl est accessible à toutes les filles, à toutes les femmes, les sœurs, les mères, les travailleuses, les amantes, les épouses, les maîtresses, les princesses et les reines de ce monde. Nous avons toutes droit au bonheur, ce n'est qu'une question de volonté, de la chance qu'on se crée soi-même et de la responsabilité qu'on se donne pour trouver son bonheur. Et contrairement à la croyance populaire, on ne mérite pas le bonheur, on ne le gagne pas, on y a tout simplement droit. Il n'y a rien au monde qui puisse nous empêcher de trouver la petite Happy Girl qui se cache en nous, si ce n'est que nous-même. Il n'y a personne d'autre que soi-même pour faire son propre bonheur ou son propre malheur.

Le bonheur ne dépend pas d'un homme, d'un travail ou d'une maison, il ne dépend que de nous. Il est faux de prétendre que nous serons heureuses lorsque nous aurons maigri, lorsque nous serons mariées, lorsque nous ferons du sport, lorsque nous aurons de l'argent, lorsque nous aurons des enfants, lorsque nous trouverons l'homme de notre vie, lorsque nous serons une Martha Stewart, lorsque nous aurons un emploi ou lorsque nous aurons trouvé notre point G. Notre bonheur existe maintenant, c'est à nous de le trouver.

Votre vie est extraordinaire maintenant parce que c'est la vôtre. Vous êtes la seule à faire ce que vous faites présentement, à avoir les sentiments que vous avez, à connaître tout ce que vous avez appris. Vous êtes unique, et c'est une excellente raison pour joindre les rangs des Happy Girls de ce monde. Alors, retroussez vos manches, choisissez d'être heureuse, choisissez d'être une Happy Girl!

20 BONNES RAISONS
POUR DEVENIR UNE HAPPY GIRL

1. Parce que ça sonne bien;

2. Parce qu'on n'a qu'une vie à vivre;

3. Pour ne plus s'angoisser avec les problèmes, mais les régler;

4. Parce que le malheur, c'est trop compliqué;

5. Pour voir la vie en rose;

6. Parce qu'à sa mort, on pourra dire qu'on a eu une vie extraordinaire;

7. Pour avoir une vie excitante et quelque chose à raconter;

8. Pour être la Reine du bal lors de la prochaine réunion des finissants de notre ancienne école;

9. Pour ne pas avoir à adopter une nouvelle religion;

10. Parce que si nous mourons seules à la maison, on nous trouvera bien avant que nous soyons mangées par notre chien;

11. Parce qu'on le mérite;

12. Parce que la terre continuera de tourner même si on est malheureuse;

13. Parce que même si on chante mal, on fera fureur dans un karaoké;

14. Pour que notre ex regrette vraiment de nous avoir laissées tomber;

15. Parce que si nous écrivons nos mémoires, ce sera un best-seller;

16. Pour économiser sur les thérapies et les psychologues;

17. Pour laisser le bonheur en héritage à nos enfants;

18. Parce que c'est bon pour la santé;

19. Parce qu'on le vaut bien;

20. Pour rentabiliser l'achat de ce livre.

Les filles, votre plus grand secret

«Je suis amoureuse d'un gars qui ne le sait même pas, personne ne le sait d'ailleurs. Je ne me fais pas à l'idée de le lui dire un jour, du moins, tant qu'il aura quelqu'un dans sa vie.»
Sophie, 30 ans

«Je me masturbe depuis l'âge de 3 ans.»
Léa, 29 ans

«Des cassettes vidéo que possède une amie, sur lesquelles on retrouve nos expériences avec certains hallucinogènes, expériences faites dans un but scientifique, bien sûr.»
Myriam, 26 ans

«Je suis gaie, mais ça, c'est pas vraiment un secret. Mon secret, c'est que je suis en amour par-dessus la tête avec une femme qui est en couple. Je suis donc la maîtresse.»
Agathe, 32 ans

«*Je n'ai jamais vraiment aimé un homme, même quand je le croyais et que je le disais. Mais je sais que je ne suis pas gaie, alors, qu'est-ce que je fais?*»

Lucie, 30 ans

«*Depuis que je suis jeune, j'ai des petits boutons entre les cuisses, ça m'écœure.*»

Solange, 32 ans

«*J'haïs ma mère! Ouf! Ça fait du bien de le dire!*»

Marianne, 44 ans

«*Une histoire de baise en voyage...*»

Fanny, 27 ans

HAPPY GIRL EN AMOUR AVEC ELLE-MÊME

L'estime de soi, le respect que l'on se porte et la confiance que l'on s'accorde sont des facteurs essentiels pour être une Happy Girl. On est le pire juge face à soi-même et, surtout, le plus impitoyable. L'estime que nous avons pour nous-mêmes commence d'abord dans notre tête. Si nous nous rabaissons constamment, si nous ne mettons l'accent que sur nos défauts, nous finirons par ne voir que ça et, par là même, les autres aussi. Ce que nous pensons de nous, c'est ce que nous montrons aux autres. Une Happy Girl doit s'aimer tout le temps, inconditionnellement.

Tout ce que vous vous dites, tout ce que vous faites a un impact direct sur votre confiance et l'estime que vous avez pour vous-même. Vous êtes une femme unique et spéciale. Au fond de vous, vous le savez, alors pourquoi ne pas l'accepter? De toute façon, un jour ou l'autre, vous n'aurez pas le choix: vous êtes avec vous-même pour le reste de votre vie, et il n'y a rien au monde qui pourra changer ça, surtout pas une diète miracle, de l'argent ou un amant de 21 ans, musclé, bronzé et disponible en tout temps.

Vous ne serez jamais quelqu'un d'autre que ce que vous êtes maintenant. Alors, pourquoi ne pas être celle que vous êtes réellement? Rien ne vous empêche de changer, d'améliorer votre vie, de la rendre meilleure et plus heureuse, de devenir la reine du monde! Mais si vous ne vous aimez pas, rien de tout cela ne sera possible.

On ne peut pas changer ce qu'on n'est pas capable de regarder, d'apprécier, d'apprivoiser. L'image que vous avez de vous-même est celle que vous vous êtes imaginée, ce n'est pas ce que vous êtes réellement. Vous avez au fond de vous tout ce qu'il faut pour être une Happy Girl. Pour la laisser s'exprimer, vous devez seulement chasser la fausse perception que vous avez de vous-même pour faire place à une perception réelle. Par exemple, si vous êtes ronde et que vous, vous vous imaginez énorme et laide, ce que vous allez projeter comme image, parce que c'est celle que vous avez imaginée, c'est que vous êtes énorme et laide. Ce n'est pas la réalité, la réalité c'est que vous êtes ronde. Alors, si vous vous voyez ronde, les autres ne vous verront que ronde, pas énorme et laide. On ne montre aux autres que ce que l'on veut bien leur montrer. Vous pouvez donc montrer aux autres que vous êtes ronde, mais que vous êtes aussi souriante, sexy et intelligente; rien ne vous en empêche, sauf vous.

Il est bon parfois de se prendre pour Claudia Scheiffer ou Jennifer Lopez, surtout si on ne leur ressemble pas. Ça ne fait de mal à personne et ça peut nous faire tellement de bien! L'idée n'est pas de nous renier, seulement de faire sortir la Happy Girl qui se terre en nous, de lui faire confiance, de nous faire confiance.

Les filles, votre pire défaut et votre plus grande qualité

«L'orgueil est certainement mon plus grand défaut. Mais je suis une personne compréhensive.»
Virginie, 22 ans

«Je ne suis pas vite pour faire les choses, mais en retour, je suis patiente.»
Myriam, 26 ans

«Je suis paresseuse, très paresseuse... mais je suis généreuse et à l'écoute des autres.»
Miss Lili, 29 ans

«Je suis une colérique, une impulsive, mais je suis généreuse, même dans mes colères.»
Laurence, 35 ans

«Je fais trop confiance aux gens parce que je suis facile d'approche.»
Agathe, 32 ans

«Je suis extrêmement généreuse et intelligente, mais je m'en demande souvent beaucoup trop.»
Sophie, 30 ans

«Je suis colérique, mais je ne juge pas les gens qui m'entourent. Je les laisse vivre.»
Solange, 32 ans

«Je suis trop nerveuse, mais j'ai un grand sens de l'humour et un grand cœur.»
Marianne, 44 ans

«*Mon défaut... je crois que c'est mon zèle dans le travail, mon entê-tement, mais je suis franche, avec moi-même et avec les autres.*»
Fanny, 27 ans

«*Je suis rancunière... mais je suis généreuse. Une chance, s'il fallait que je sois égoïste en plus!*»
Anne, 31 ans

«*Mon plus grand défaut, c'est que je parle trop. Mais je suis patiente et je suis à l'écoute des autres... Je parle trop, mais pas tout le temps!*»
Léa, 29 ans

Tout se passe dans notre tête. L'estime de soi et la confiance n'ont rien à voir avec le corps, avec le statut social ou les événements qui nous tombent dessus. Nous créons nous-mêmes ce que nous pensons de nous. Le flot de pensées négatives qui passent dans notre tête tous les jours nous forge une piètre estime de soi et amenuise notre confiance en nous-mêmes. En revanche, les pensées positives forgent l'amour, le respect et la confiance que nous nous portons. Et une Happy Girl n'entretient que des pensées positives.

Il nous arrive de nous rabaisser quand nous nous trouvons dans des situations où la honte est au rendez-vous, où nous nous sentons une moins que rien. La honte est un sentiment épouvantable; quand elle nous envahit, elle prend toute la place et tout s'écroule. Mais la honte ne tue pas et elle ne nous sert à rien, alors pourquoi l'alimenter par nos pensées? Nous ne devons pas l'entretenir ni ressasser les actes honteux dans notre tête. Essayons plutôt d'en rire; ce n'est pas toujours facile, mais gaffer, s'enfarger, trop parler, se tromper, font partie de la vie.

Ressentir la honte c'est normal, c'est comme un petit système d'alarme intégré qui nous dit que nous venons de gaffer, que nous aurions dû nous taire. Alors, on s'excuse, on passe à autre chose et on ne recommence pas. Et quand on repense à la fois où on a eu le plus honte, on constate qu'après tout, que ce n'était pas aussi dramatique qu'on le croyait sur le coup...

Les filles, la fois où vous avez eu le plus honte

«Lorsque, de retour d'un voyage aux États-Unis, je me suis retrouvée dans un souper, chez des gens que je connaissais peu, à expliquer à un invité obèse comment j'avais été horrifiée de voir à quel point les gens sont gros aux États-Unis, comment ils s'alimentent mal et mangent des portions énormes. Entre autres, je parlais des pains baguettes gros comme trois baguettes mises ensemble, tout ça pendant que notre hôte nous servait de ce fameux pain baguette large comme... trois! J'ai pataugé pour me sortir de ce trou et plus je parlais, plus je me calais. Bref, ces gens ne m'ont jamais rappelée pour un autre souper.»
Léa, 29 ans

«Quand je suis tombée en pleine face dans une église en m'enfargeant dans mes talons hauts! Je peux vous dire que je n'ai jamais tant prié!»
Marianne, 44 ans

«À neuf ans, dans mon cours de ballet-jazz, je suis sortie du cours quelques minutes et une fille dans la classe a pris mes pantalons dans mon sac. Comme j'étais grosse, mes pantalons étaient plutôt larges. Quand je suis revenue dans la classe, elle les a montrés à toute la classe en criant: "Solange a un gros cul!". Je me suis enfermée dans les toilettes, j'étais morte de honte. Le prof a fait venir ma mère pour me sortir de là.»
Solange, 32 ans

«Quand le dernier mec dont je suis tombée amoureuse m'a avoué qu'il était retourné avec son ex, pourtant, il se disait amoureux de moi. Je me suis trouvée tellement conne de ne pas l'avoir vu venir, je serais rentrée sous le plancher! J'avais honte d'être tombée amoureuse d'un gars aussi épais. Mais j'ai pris mon courage à deux mains, je l'ai traité de con et je suis partie. En fait, toutes les fois où je suis morte de honte, c'était toujours à cause des gars.»

Sophie, 30 ans

«Le lendemain d'une brosse mémorable, mais dont je ne me souviens que de certains extraits. Et dans ces extraits, je me rappelle avoir trompé mon chum avec mon ex.»

Lucie, 30 ans

«Quand mon ex s'est couché et endormi sur la table d'un restaurant pendant que je jasais avec une amie.»

Agathe, 32 ans

«Lorsque je racontais qu'un de mes amis avait eu une aventure super poche avec une fille, je donnais les détails et tout. À la fin de mon histoire, plus personne ne parlait parce que la fille en question était là, juste derrière moi.»

Fanny, 27 ans

Avoir honte de ce que l'on a fait, de ses actes, c'est humain, c'est normal. Avoir honte de ce que l'on est, c'est criminel, c'est se tuer à petit feu.

La Happy Girl en vous doit être à l'affût de toutes ses pensées négatives. Elle doit les détruire dès qu'elles se pointent et les remplacer aussitôt par des pensées positives, même si elle n'y croit pas forcément sur le coup. Pour mieux se connaître, il faut se regarder honnêtement, sans préjugés, faire la liste de ses qualités, de ses défauts, de ses comportements et de ses réactions dans les situations de la vie, avec les gens qui gravitent autour de soi.

À force de découvrir qui on est réellement, on se prouvera qu'on est extraordinaire, et que sa vie est extraordinaire. Mieux se connaître est la clé pour trouver son bonheur, pour répondre avec sourire à la vie et pour se permettre d'aimer, d'être aimée et, surtout, de s'aimer soi-même, inconditionnellement.

Les filles, ce qui vous donne confiance en vous

«Moi-même, avant tout. Mais quand je suis reposée, que j'ai de l'argent dans mon compte ou que je me sens belle et sexy, je peux tout affronter!»
Sophie, 30 ans

«L'appréciation des autres.»
Laurence, 35 ans

«Mes réussites professionnelles, mes amitiés qui durent et mon couple qui avance.»
Léa, 29 ans

«Beaucoup de responsabilités.»
Virginie, 22 ans

«Ma fille.»
Myriam, 26 ans

«Le fait que je crois que je peux faire n'importe quoi. Une fois que je suis convaincue, il n'y a plus rien pour m'arrêter.»
Agathe, 32 ans

«Quand on me remercie ou quand on me félicite.»
Marianne, 44 ans

«*Mon charme et ma spontanéité.*»
  Miss Lili, 29 ans

«*Quand je relève des défis, ça me donne confiance en moi, je me trouve bonne.*»
  Solange, 32 ans

«*Pas grand-chose...*»
  Fanny, 27 ans

«*Les jours où je me sens belle, bien dans ma peau, j'ai confiance en moi.*»
  Anne, 31 ans

HAPPY GIRL EN AMOUR
AVEC SON CORPS

Mais dans le quotidien, on fait quoi pour être bien dans sa peau, pour avoir confiance en soi, pour s'aimer? Pour bien des femmes, la confiance passe par le corps, ce fameux corps avec lequel nous sommes prises pour le reste de notre vie. Comment en venir à accepter ce corps qu'on malmène, qu'on méprise, qu'on déteste parfois même?

Premièrement, commençons tout de suite à nous faire à l'idée que notre corps fait partie intégrante de nous-mêmes. Si nous n'aimons pas notre corps, c'est peut-être parce qu'il est temps que nous le redécouvrions, que nous prenions conscience qu'il est là, qu'il est à nous, qu'il est une partie importante de nous. Pour aimer son corps, il faut en prendre conscience certes, mais il faut surtout l'apprivoiser et mieux le connaître.

Votre corps fait partie de ce que vous êtes, il n'est pas parfait et ne le sera jamais. Même si vous vous lancez vers la chirurgie esthétique, vous ne réglerez pas votre problème, vous vous trouverez peut-être plus belle, mais vous ne vous aimerez pas plus. L'estime de soi ne passe pas tant par l'apparence que par la façon dont on habite son corps. Et pour bien habiter son corps, il faut sentir qu'il fait partie de soi.

Pour commencer, apprenons à respirer profondément, quelques minutes par jour, juste assez pour que nous sentions l'air entrer dans notre corps et en sortir. Respirons par le ventre, gonflons-le, rentrons-le. Si nous avons tendance à respirer dans le haut de notre corps, descendons notre respiration dans notre ventre, c'est là que nous devrions respirer. Ça détend, ça nous libère de nos inquiétudes et ça nous permet de retrouver notre calme quand tout se bouscule.

Si vous ne faites pas partie des sportives de ce monde, rien ne vous empêche de bouger. Le fait de vous étirer pendant cinq minutes tous les matins, de tous bords tous côtés, avant même de sortir du lit, vous donnera un regain d'énergie pour démarrer votre journée. Si vous préférez faire du yoga, allez-y, c'est agréable, pas si difficile et ça fait réellement du bien. Sinon, quelques étirements quotidiens, pendant cinq minutes, vous aideront à redécouvrir votre corps, comme le ferait n'importe quelle activité physique, d'ailleurs. Bougez juste un peu, même si ce n'est que quelques minutes chaque jour, c'est bénéfique non seulement pour votre corps, mais pour votre tête aussi.

Et ayez une bonne posture, le ventre un peu rentré, le bassin à peine balancé vers l'avant, le cou étiré, les épaules vers l'arrière et respirez par le ventre. Faites-le, vous vous sentirez déjà beaucoup mieux,

23

beaucoup plus détendue, beaucoup plus belle. Ça affine la silhouette et ça éloigne quelques-unes des tensions qui assaillent le corps. Et faites plaisir à votre corps, ça va lui faire tellement de bien! Pour être une bonne Happy Girl, il faut se faire plaisir quotidiennement. C'est un bon début pour montrer que vous tenez à votre corps. C'est pas si difficile de lui faire du bien, vous savez...

Les filles, pour faire plaisir à votre corps

«Je me crème avec de la lotion hydratante tous les jours, j'ai appris comme ça à m'aimer malgré mes défauts. Aussi, je fais du yoga et je me masturbe, mais jamais en même temps. Le deux me permettent de me détendre, de me retrouver et de dormir.»
Sophie, 30 ans

«Un bain mousse et un orgasme!»
Laurence, 35 ans

«La masturbation. Régulièrement.»
Virginie, 22 ans

«De l'exercice, beaucoup de verres d'eau et un bon bain chaud.»
Myriam, 26 ans

«Je me fais masser et je m'entraîne régulièrement.»
Miss Lili, 29 ans

«Un bon massage suivi d'un bain flottant... parce que j'en vaux la peine.»
Agathe, 32 ans

«Je mange bien, je bois beaucoup d'eau et je fais de l'exercice.»
Solange, 32 ans

24

«De longs bains moussants... et je profite des caresses de mon chum.»
Marianne, 44 ans

«Je me repose, quand c'est possible.»
Anne, 31 ans

«J'en prends soin le plus possible: exercice, dodo et bonne bouffe... et petits plaisirs intimes.»
Léa, 29 ans

Chez la plupart des femmes, c'est l'apparence qui leur cause problème. Avant de poursuivre, mettons quelque chose au clair tout de suite: la cellulite, un ventre, les vergetures, les varices, les seins qui tombent, c'est normal, c'est naturel, ça fait partie de la vie. C'est plate, mais c'est ça. Vous n'êtes pas anormale si vos seins tombent, si vous avez de la cellulite, un ventre, des vergetures ou des varices; vous êtes comme toutes les autres, tout simplement.

Évidemment, les filles des magazines n'ont rien de tout ça, mais dans la vraie vie, les filles de magazine n'existent pas. Les filles des magazines ont des coiffeurs, des maquilleurs, des cacheurs de défauts professionnels, un photographe qui retouche les photos systématiquement. Si on nous donnait toute cette équipe pour modeler notre image, nous aussi, nous pourrions faire la couverture des magazines! Dans la vraie vie, toutes les filles ont de la cellulite, un ventre, des seins qui tombent, des varices ou des vergetures. Faites le tour de toutes vos amies, vous verrez que vous n'êtes vraiment pas la seule.

Les filles, êtes-vous bien avec votre nudité?

«Oui, même si mon corps est loin d'être parfait. J'ai des bourrelets, les seins tombants, de bonnes cuisses, et je n'en ai pas honte. Je suis

bien toute nue, surtout quand il y a un homme avec moi... Le truc, c'est de se sentir sexy et irrésistible et d'y croire tout le temps.»
 Sophie, 30 ans

«*Pas tout à fait, c'est selon les circonstances.*»
 Laurence, 35 ans, et Marianne, 44 ans

«*Pas vraiment, mais je m'améliore.*»
 Miss Lili, 29 ans

«*Oui, et encore plus depuis que j'ai perdu du poids. Mais attention! ça ne veut pas dire que je vais installer des miroirs au-dessus de mon lit.*»
 Agathe, 32 ans

«*Ça dépend avec qui.*»
 Virginie, 22 ans

«*En général, oui.*»
 Myriam, 26 ans

«*Oui, très bien. Je danse nue devant mon chum, ça le fait rire.*»
 Solange, 32 ans

«*Non, vraiment pas.*»
 Anne, 31 ans

«*Non. En fait, je suis bien avec ma nudité de la taille en montant.*»
 Fanny, 27 ans

«*Quand je suis toute seule, oui!*»
 Léa, 29 ans

Pour aimer ce qu'on a l'air, la première chose à faire, c'est de se regarder. À force de se regarder, on finit par s'aimer ou, du moins, par s'habituer à ce que l'on est. Prenez le temps qu'il faut pour vous regarder toute nue dans le miroir; ça peut vous sembler niaiseux, ou même tout à fait impossible, mais c'est essentiel pour que vous puissiez apprécier votre corps. Prenez votre courage à deux mains et regardez-vous nue, pas maquillée, pas peignée; habituez-vous à ce corps. Peu importe comment vous vous habillez, vous vous maquillez, vous vous peignez, en dessous de tout ça, c'est ce corps-là que vous avez, que ça vous plaise ou pas. Aussi bien en prendre votre parti; de toute façon, vous n'avez pas le choix: il est à vous, ce corps-là.

Une fois que vous vous serez regardée quelques fois toute nue dans un miroir, faites la liste de ce que vous n'aimez pas de votre corps, toute nue devant votre miroir. N'écrivez pas toutes les parties de votre corps, vous ne seriez pas honnête, il y a sûrement des parties que vous aimez. Une fois cette liste terminée, prenez une partie de votre corps que vous n'aimez pas, regardez-la et trouvez-lui des qualités. Regardez seulement cette partie, oubliez l'ensemble pour tout de suite. Faites ça avec toutes les parties de votre corps que vous n'aimez pas, jusqu'à ce que vous les appréciiez, que vous les acceptiez. À la longue, vous finirez par apprécier l'ensemble. Ça semble être un exercice stupide, mais il est réellement efficace. Il suffit de s'y mettre en n'oubliant pas sa bonne volonté et en ayant toujours à l'idée que le but de l'exercice est de s'aimer plus, et de devenir une véritable Happy Girl.

Les filles, les parties de votre corps que vous aimez le plus et celles que vous aimez le moins

« J'aime mes seins, mes lèvres, mes yeux, mes oreilles. Je n'aime pas vraiment mes pieds. Et je n'aime pas les 10 kilos que j'ai en trop, quoique ça me donne des formes sexy et de gros seins! »
Sophie, 30 ans

«J'adore mes yeux mais je déteste mes pieds. Je ne porte jamais de sandales qui montrent mes orteils.»

Agathe, 32 ans

«J'aime mes yeux quand je ne suis pas enceinte et mes seins quand je le suis! J'aime pas mal moins mes fesses, enceinte ou pas.»

Léa, 29 ans

«J'aime mes seins, mais je n'aime pas mes cuisses.»

Virginie, 22 ans

«J'aime mes yeux et je n'aime pas mes fesses.»

Myriam, 26 ans

«J'aime mes yeux et j'haïs mes pieds.»

Miss Lili, 29 ans

«J'aime mes yeux mais je changerais mon ventre parce que je ne l'aime pas.»

Laurence, 35 ans

«J'aime beaucoup mon cou, mes épaules et ma poitrine, mais je n'aime pas mon "mou" de cuisses. Au moins, même si je suis grosse, mon ventre n'est pas trop gros.»

Solange, 32 ans

«J'adore mes pieds, mais j'aime moins ma bouche et mes dents.»

Marianne, 44 ans

«J'aime beaucoup mon visage, mais je déteste mon ventre.»

Anne, 31 ans

«J'aime beaucoup mes yeux bleus, mais mes cuisses, je les changerais demain matin.»

Fanny, 27 ans

Il faut apprendre aussi à vous gâter régulièrement: un bain chaud, un bon livre, ça ne coûte presque rien et ça fait du bien. Ne dépensez pas une fortune pour vous gâter, ce n'est pas nécessaire. Pour vous faire plaisir, ne vous ruinez pas, parce que le plaisir ne durera pas longtemps s'il vous a coûté un bras. Optez plutôt pour de petites gâteries simples, parce que vous pourrez vous en offrir tous les jours. Et ne cherchez pas de raison pour vous gâter, vous n'en avez pas besoin. Surtout, évitez de vous culpabiliser.

Si la culpabilité a la propriété de donner un goût amer à tout ce qui vous fait plaisir, demandez-vous donc pourquoi. Parce que vous ne le méritez pas? Qui a dit qu'on devait mériter de se faire plaisir? Vous? Il n'y a rien que vous fassiez qui puisse être assez épouvantable pour que vous ne méritiez pas de vous gâter. Non seulement vous méritez de vous gâter, mais vous vous le devez: c'est la moindre des choses pour vous prouver que vous vous aimez. Et vous n'avez aucune raison de vous sentir coupable pour ça. Il faut se rappeler que la culpabilité est une ennemie du bonheur.

Les filles, un plaisir qui entraîne une certaine culpabilité

«Quand je mange à outrance.»
Solange, 32 ans

«L'achat compulsif de trucs inutiles.»
Virginie, 22 ans

«Faire la fête trois soirs de suite!»
Myriam, 26 ans

«Quand je sors et que je me laisse séduire... parce que mon mari m'attend à la maison.»
Laurence, 35 ans

«Manger une grosse portion de frites bien grasses.»
Agathe, 32 ans

«*Manger du chocolat en cachette.*»
   Marianne, 44 ans

«*Manger jusqu'à ce que j'aie mal au ventre.*»
   Fanny, 27 ans

«*Quand je ne fais rien.*»
   Anne, 31 ans

«*Manger du chocolat, des friandises, des croustilles...*»
   Miss Lili, 29 ans

«*Quand je regarde des inepties à la télévision au lieu de faire quelque chose d'utile...*»
   Sophie, 30 ans

«*Manger des croustilles ou du chocolat.*»
   Léa, 29 ans

LE JOURNAL D'UNE HAPPY GIRL

Une Happy Girl prend le temps chaque jour d'écrire sur elle, sur ce qui lui arrive, oui, elle écrit son journal intime. Bon, ce n'est pas aussi intime et dramatique que le journal d'une adolescente de 14 ans, mais le journal d'une Happy Girl est un outil fabuleux pour remettre les choses en perspective. Le fait d'écrire chaque jour nous permet de mieux voir ce qui nous arrive et de mettre des mots sur des sensations, des émotions, des états d'être. Le seul fait de nommer ce que nous ressentons nous permet d'y voir plus clair, de trouver la vérité.

Faites de chacune de vos journées une histoire. Quand vous écrivez votre journal le soir, scénarisez votre journée en mettant l'accent sur les moments importants, les points positifs et les leçons que vous pouvez tirer des difficultés auxquelles vous vous êtes heurtée. Terminez sur une bonne note, un mot pour vous faire réfléchir ou posez-vous une question. Vous pouvez aussi préparer votre journée du lendemain, écrire comment vous vous sentirez, ce que vous avez à faire, ce que vous voulez faire. Inscrivez-y vos rêves les plus fous, vos désirs les plus secrets, vos envies de vengeance, vos fantasmes les plus osés...

Lorsque nous nous vidons la tête et le cœur chaque soir, nos nuits ne sont plus hantées par nos préoccupations et nos difficultés puisque nous les évacuons par l'écriture. En tout cas, il y a de bonnes chances que nous fassions de plus beaux rêves.

Les filles, écrivez-vous votre journal?

«Oui, parce que quand je relis mon journal à la fin de l'année, quand je fais mon bilan, ça me fait voir que ma vie est agréable et qu'elle en vaut la peine.»
Solange, 32 ans

«Non, je n'ai ni le temps ni le goût.»
Agathe, 32 ans

«Oui, quand ça ne va pas très bien dans ma vie, j'écris un journal. Quand ça va plutôt bien, je n'en éprouve pas vraiment le besoin.»
Miss Lili, 29 ans

«Non, j'en ai pas besoin. Je garde ma vie dans ma tête et dans mon cœur.»
Laurence, 35 ans

«*Oui, parce que ça me fait du bien, les choses que je trouve drama-tiques le sont beaucoup moins une fois sur papier, parfois même, je les trouve complètement ridicules. Ça me permet de me prendre pas mal moins au sérieux et de ne pas m'enfarger dans des banalités. Et quand je serai vieille, je pourrais lire ça et dire que j'ai eu une vie pas mal du tout, en fin de compte...*»

Sophie, 30 ans

«*Non, je n'en ai pas le courage! J'écris assez durant la journée! Le soir, je repose ma main.*»

Léa, 29 ans

«*Oui, pour garder mes souvenirs au frais.*»

Virginie, 22 ans

La règle numéro 1 de tout journal personnel: pas de censure! Vous n'écrivez pas *Le journal de Bridget Jones*, vous écrivez le vôtre. Soyez honnête, n'arrangez pas les choses pour qu'elles soient plus belles ou plus moches qu'elles ne le sont en réalité. Écrivez les choses telles qu'elles sont, telles que vous les ressentez. Si vous avez des pro-blèmes, des difficultés, de la peine, de la colère, le journal est le meil-leur confident, parce qu'il ne donne pas les réponses pour vous, il vous laisse les chercher et les trouver.

N'ayez pas peur de vous relire, même si vous vous trouvez ridi-cule; au moment où vous l'avez écrit, ça avait de l'importance. Et ça vous permet de constater que votre réaction était sûrement exagérée par rapport à la situation dans laquelle vous étiez, et de ne plus recommencer. On apprend de tout, surtout de ses niaiseries! Et par pitié, n'écrivez pas un journal de victime! Après trois jours, vous allez vous mettre à vous répéter et ça ne vous servira à rien. Écrivez plutôt dans le but de trouver une solution, d'améliorer votre vie et la per-ception que vous avez de vous-même.

Profitez de ce journal pour faire une liste de vos qualités. Il vous en faut au moins 20. Laissez aller vos défauts; ce que vous cherchez à faire, c'est de vous aimer plus. Une Happy Girl a des défauts, mais elle les enterre sous la tonne de ses qualités. Et ajoutez une liste des choses que vous avez accomplies cette année et dont vous êtes fière, puis voyez comment vous y êtes arrivée. Après tout cela, il n'y a aucune raison logique pour que vous ne voyiez pas ce que vous êtes vraiment: une femme unique et extraordinaire, une Happy Girl.

Les filles, une chose que vous avez accomplie cette année et dont vous êtes fières

«Mon travail. Après avoir tant travaillé toutes ces années, je commence à en récolter les fruits. Finalement.»
Sophie, 30 ans

«J'ai eu la meilleure note de la classe à un examen, ça ne m'était pas arrivé depuis le secondaire...»
Léa, 29 ans

«Je me suis prise en main. Dès que j'ai senti que je perdais le contrôle des événements de ma vie et que j'avais besoin d'aide, je n'ai pas hésité à consulter.»
Laurence, 35 ans

«J'ai aidé ma fille à s'installer dans sa nouvelle maison. J'ai réussi à couper le cordon ombilical sans trop de dégâts.»
Marianne, 44 ans

«J'ai changé d'emploi et j'ai quitté mon conjoint.»
Miss Lili, 29 ans

« J'ai finalement monté la pièce de théâtre que j'avais écrite. Je suis partie de zéro et je me suis rendue jusqu'au bout. Yé!»

Agathe, 32 ans

« J'ai donné naissance à un beau gros garçon en santé. »

Solange, 32 ans

« J'ai réussi à payer une bonne partie de mes dettes. »

Anne, 31 ans

« J'ai terminé ma maîtrise avec succès. »

Fanny, 27 ans

HAPPY GIRL À VENDRE

Une fois que vous avez écrit ce que vous valez, il est temps de le montrer. Vantez-vous! Vous êtes pleine de qualités, il s'agit juste de les faire voir! N'ayez pas peur de vous vendre, de dire ce dont vous êtes capable, de refuser quelque chose parce que ça ne vous convient pas. Il ne s'agit pas de jouer la suffisance ou le snobisme, il s'agit seulement de se respecter, en ne perdant jamais de vue qu'il faut respecter les autres. Écraser les autres pour se faire valoir est complètement inutile; en plus, c'est méchant et gratuit. Vous ne devez compter que sur vous-même pour faire valoir qui vous êtes, personne ne le fera à votre place, et ce n'est certainement pas en rabaissant les autres que vous aurez plus d'estime pour vous-même.

Une personne qui fait constamment de petites remarques piquantes, blessantes, même pour rire, n'a pas une grande estime d'elle-même et risque d'éloigner des gens d'elle plutôt que de les attirer. Être gentille et prévenante à l'égard d'autrui ne nous enlève rien; au contraire, nous aurons plus de respect pour nous-mêmes. Et quand on se respecte, c'est qu'on commence à s'aimer vraiment, et quand on commence à s'aimer vraiment, on est devenue une Happy Girl.

Les filles, quelques lignes pour vous vendre...

«Je suis une fille exceptionnelle, intelligente, gentille, pas compliquée, qui aime rire, discuter, partager tous les plaisirs de la vie. Je suis zélée au travail mais une paresseuse professionnelle à temps partiel. J'ai un bon sens de la répartie et je suis insomniaque à mes heures.»
Sophie, 30 ans

«Je suis très généreuse, déterminée, prête à travailler et à faire ce qu'il fait pour réussir. Ma philosophie de vie est: "Le bonheur c'est dans la tête, tant pis pour ceux qui n'en ont pas!"»
Laurence, 35 ans

«Je suis très entreprenante, j'ai beaucoup d'idées et d'initiative...»
Virginie, 22 ans

«Je suis comme le soleil: on ne m'achète pas, on profite de ma présence. Je suis si chaleureuse!»
Marianne, 44 ans

«5 $ pour de beaux yeux verts coquins; 10 $ pour un sourire et de la spontanéité; 5 $ pour un corps en forme de 1,75 m; 15 $ pour un cœur rempli de passion et d'amour et 15 $ pour une tête remplie de folies et d'énergie. Bref, 50 $ pour une fille parfaite, c'est pas cher le kilo, ça...»

Miss Lili, 29 ans

«Je suis une personne dynamique, travaillante, dévouée, indépendante... mirobolante quoi! J'apprends très vite et je suis une personne fiable sur qui on peut compter pour accomplir pratiquement n'importe quoi. Je suis belle, fine et capable. Vous?»

Agathe, 32 ans

«Douce, moelleuse, confortable, un vrai divan! Et le cuir me va à merveille!»

Solange, 32 ans

«Belle, bonne, pas dispendieuse, jamais sortie l'hiver!»

Anne, 31 ans

«Je suis une fille très sympathique, sociable, qui adore la bonne compagnie et qui est loin d'être niaiseuse, en fait, qui est très très brillante.»

Fanny, 27 ans

«Belle petite blonde aux yeux bleus, rieuse, extravertie, qui s'assume jusqu'au bout de sa cellulite, intelligente et ambitieuse, patiente et empathique, qui aime rire, donner, recevoir, créer, aider.»

Léa, 29 ans

C'EST VOUS QUI CHOISISSEZ

Votre vie, ce que vous êtes, ce que vous faites, c'est vous qui décidez, c'est vous qui choisissez. Parce que vous avez fait des choix, parce que vous faites des choix, parce que vous allez faire des choix, vous êtes la seule responsable de la vie que vous avez.

Vous choisissez où vous êtes, votre façon d'agir, vos paroles, vos actions, avec qui vous êtes, ce sur quoi vous vous concentrez, vos croyances, devant quoi vous flanchez, quand vous résistez, à qui vous faites confiance, qui vous évitez, vos réactions par rapport à votre environnement.

Vous choisissez ce que vous pensez à propos de vous-même, des autres, des risques que vous courez, de vos besoins, de vos devoirs, de vos droits, de la façon dont vous vous définissez dans le monde. C'est vous qui décidez tout ça.

Vous choisissez les vêtements que vous portez, vous choisissez de revêtir du turquoise ou du rose, vous choisissez votre coiffeur, vous choisissez de ramener un homme à la maison, vous choisissez de prendre pour déjeuner un reste de pizza, vous choisissez de prendre le verre de trop, celui qui vous rendra malade, vous choisissez de perdre votre temps devant la télé, vous choisissez de ne pas faire de sport, vous choisissez de vous teindre les cheveux, vous choisissez de manger des frites, vous choisissez avec qui vous baisez.

Votre vie n'est que la conséquence des choix que vous faites. Aussi insignifiants que certains de ces choix puissent paraître, ils ont un impact sur le déroulement de votre vie.

Vous avez donc choisi la vie que vous avez, il ne faut pas vous en plaindre, vous en avez décidé ainsi. Si vous n'acceptez pas votre responsabilité entière par rapport à votre vie, vous ne réglerez rien et ne trouverez jamais votre bonheur, vous ne serez jamais une Happy Girl. C'est plate, mais c'est ça qui est ça. Vos parents, vos amis, votre conjoint, vos enfants, votre patron, vos voisins, vos ennemis ne sont pas responsables de ce qui vous arrive, du fait que vous êtes heureuse ou non. Vous l'avez vous-même décidé.

Si vous faites des choses qui vous frustrent, qui vous rendent malheureuse, mais que vous les faites quand même, réfléchissez quelques instants. Qu'est-ce que ces gestes vous rapportent? Et si vous faisiez ces gestes pour vous faire remarquer, pour attirer l'attention, pour ne plus être seule? Si vous répétez toujours ces gestes, en vain, c'est peut-être parce qu'ils sont inefficaces. Lorsque vous faites un geste dans un but précis et que vous n'atteignez pas ce but, c'est parce que l'action que vous avez posée n'était pas la bonne. Changez ce comportement puisqu'il ne marche pas. Ne refaites pas les mêmes erreurs éternellement, elles vous ramèneront toujours au même point de départ. Vous êtes la seule personne qui peut empêcher votre vie de tourner en rond.

Les filles, êtes-vous satisfaites de votre vie?

«Oui, en général. Il y a seulement ma vie amoureuse qui est vraiment poche, pour le reste, tout est parfait. J'imagine qu'on ne peut pas tout avoir.»
Sophie, 30 ans

«Plus ou moins. Ça pourrait être mieux.»
Miss Lili, 29 ans

«Oui, je suis toujours fière de moi et de ce que je fais. Je suis satisfaite de ma vie, mis à part mon couple pour lequel je trouverai une solution. Ça pourrait être pire.»
Laurence, 35 ans

38

«*Il y a des choses qui auraient pu être moins difficiles que d'autres, mais je les ai rendues moi-même difficiles. Mais de façon générale, je suis très contente d'avoir 30 ans et que le meilleur soit devant moi.*»
Lucie, 30 ans

«*En général oui, mais il y a certaines choses que je changerais si je le pouvais.*»
Agathe, 32 ans

«*Ben oui! Satisfaite pour l'instant, mais j'aspire à mieux, surtout financièrement. Pour le reste, c'est pas mal parfait.*»
Solange, 32 ans

«*En général oui, mais faut pas que je me mette à tout analyser.*»
Myriam, 26 ans

«*Oui assez, je me débrouille pour l'être.*»
Virginie, 22 ans

«*Ouiiiii!*»
Marianne, 44 ans

«*En général, oui. Dans les détails, c'est une autre histoire.*»
Anne, 31 ans

Nous sommes les seules responsables de tout ce qui nous arrive; personne d'autre ne peut porter cette responsabilité pour nous. Il faut réfléchir aux gestes que nous faisons et à leurs conséquences. Devenir une fille heureuse, une Happy Girl, c'est arrêter d'être sur le pilote automatique. Il faut comprendre pourquoi on fait ces gestes avant de les faire et quelles sont leurs conséquences négatives. Il faut arrêter de se comporter d'une manière qui interfère avec les résultats qu'on veut obtenir.

Ne vous comportez pas en «bad girl» si vous voulez devenir une Happy Girl. Même si ces gestes vous gratifient sur le moment, par exemple manger quatre tablettes de chocolat en une heure ou envoyer promener une vendeuse dans un magasin, ils sont loin de faire de vous une fille heureuse. La culpabilité et la colère qui s'ensuivent ne sont certainement pas associées à ce qui fait votre bonheur. Changez ces gestes pour des gestes qui vous apporteront du bonheur, pas juste une simple gratification ou un plaisir immédiat. Par exemple, faire de l'exercice est rarement gratifiant et plaisant sur le moment, mais à long terme, c'est très bénéfique pour notre bien-être. En revanche, manger un gâteau au fromage en entier peut être très gratifiant sur le moment, mais à long terme, ce n'est pas du tout bénéfique pour notre corps et notre tête. On engraisse et on se culpabilise.

Le truc, c'est de faire un compromis entre ce qui nous gratifie immédiatement et ce qui fera notre bonheur à long terme. Manger un morceau de gâteau ne doit pas être un drame, ce doit être un plaisir. Ce seul morceau de gâteau ne vous fera pas engraisser, cela vous fera du bien au corps et à l'âme, et tout ce qui vous fait du bien contribue à votre bonheur, tant et aussi longtemps que de bons sentiments y sont attachés, avant, pendant et après.

Si vous êtes convaincue que ce que vous faites est bien, mais que ça ne fonctionne pas, que vous n'obtenez pas ce que vous voulez, faites autre chose. Et laissez faire l'opinion des autres; une Happy Girl cherche son bonheur, elle ne cherche pas l'approbation de tout un chacun. La seule personne qui doit approuver vos choix, c'est vous-même.

Vous ne pouvez pas éliminer complètement vos comportements indésirables si vous ne comprenez pas ce qui vous a poussée à les adopter au départ. Par exemple, si vous sabotez tout ce que la vie vous apporte de beau, c'est peut-être parce que vous en retirez une certaine satisfaction, ou parce que vous craignez, une fois que tout va bien aller, que votre vie sera ennuyante et dépourvue d'intérêt. Peut-être que vous vous mettez dans des situations malheureuses, difficiles, dans le seul but de solliciter l'aide de votre entourage et, ainsi, d'attirer l'attention. Soyez honnête avec vous-même sur ce qui ne fonctionne pas dans votre vie. Arrêtez d'inventer des excuses et de trouver des coupables. Vous n'êtes pas la victime de votre vie puisque c'est vous qui créez votre vie...

Si un homme vous attaque sur la rue, vous n'êtes évidemment pas responsable de cette attaque, mais vous avez la responsabilité de vous en sortir, de vous faire aider. C'est votre attitude face à des événements malheureux qui vous permettra de conserver votre bonheur, peu importe ce qui arrive, d'être une Happy Girl, coûte que coûte.

Être une Happy Girl ne veut pas dire qu'on n'est jamais triste, déçue ou en colère; être une Happy Girl, c'est vivre les émotions quand elles arrivent, c'est faire face aux problèmes et aux situations difficiles en cherchant des solutions et ne jamais laisser ce qui nous entoure affecter notre bonheur.

Réfléchissons bien aux comportements négatifs que nous adoptons, parce que ces comportements négatifs ne disparaissent pas avec le temps, ils s'ancrent plus fortement et ils s'aggravent inévitablement. Rien ne doit être attribué à la chance ou au hasard; tout repose sur les choix que nous effectuons dans la vie. La chance est très fragile, il ne faut pas compter dessus, à moins de se la faire soi-même. Il n'y a que la chance que l'on se construit qui porte vraiment chance.

Si vous n'acceptez pas que vous avez le rôle principal de votre vie, vous ne pourrez pas y changer quoi que ce soit. Si le héros d'un film ne faisait rien pour faire avancer l'action, pour faire évoluer l'histoire, pour faire grandir son personnage, le film serait vraiment très ennuyant. Si vous n'acceptez pas que vous êtes le héros de votre vie et que vous ne faites pas avancer votre histoire, votre vie sera plate, et un film plate n'obtient jamais de succès. Soyez la star de votre vie! Faites de votre vie un succès au box-office, qui récoltera huit Oscars, et préparez dès maintenant votre discours de remerciements.

Les filles, si votre vie était un film, quel titre lui donneriez-vous?

«*Le bonheur dans la tête.*»
Laurence, 35 ans

«*100 milles à l'heure!*»
Virginie, 22 ans

«*Le plus plate fabuleux destin de Myriam.*»
Myriam, 26 ans

«*Les malheurs de Sophie: les hommes.*»
Sophie, 30 ans

«*Brouhaha!*»
Agathe, 32 ans

«*Grosse Fatigue, ou Obélix dans la potion magique.*»
Solange, 32 ans

«*Faut se brancher pour être heureux!*»
Léa, 29 ans

«*L'illustre inconnue.*»
Marianne, 44 ans

«*Moi, moi-même et l'autre.*»
Anne, 31 ans

«*On a toujours 20 ans!*»
Fanny, 27 ans

«*Ça n'arrive qu'à moi...*»
Miss Lili, 29 ans

UNE HAPPY GIRL N'EST PAS UNE VICTIME

Une Happy Girl peut être tout, sauf une victime, parce que les victimes ne guérissent jamais, ne gagnent jamais, tant et aussi longtemps qu'elles se croient victimes. Si vous agissez comme une victime et croyez que vous l'êtes, vous serez incapable de progresser et d'être heureuse. «Ce n'est pas de ma faute, ce qui m'arrive est trop injuste...» devrait être rayé de votre vocabulaire. Votre vie est sous votre responsabilité et tututututut! Il n'y a pas de mais.

Une Happy Girl ne doit pas se justifier ni s'excuser d'exister; il n'y a rien à justifier. Si nous passons notre temps à nous justifier, à trouver des raisons à l'infini pour tout ce qui arrive, c'est que les actes que nous posons, les situations dans lesquelles nous nous trouvons, ne servent qu'à nous rendre malheureuses. Même si la situation dans laquelle nous nous trouvons est injuste, nous sommes quand même dans cette situation et nous devons nous en occuper. Les victimes ont un gros défaut, non seulement elles n'agissent pas, mais elles ne peuvent pas arrêter de se regarder le nombril et sont ainsi incapables de se tourner vers les autres. Il y a toujours pire que nous. Nous sommes toutes l'idole de quelqu'un et le cauchemar de quelqu'un d'autre.

Quand on s'ouvre aux gens, qu'on est prêt à les aider, à les écouter, à les comprendre, à se mettre à leur place, on se détache plus facilement de ses difficultés, qui apparaissent alors beaucoup moins difficiles à surmonter. C'est cliché, je vous l'accorde, mais aider les autres, c'est s'aider soi-même.

Rester seule dans son malheur, ne jamais cesser d'en parler et s'y complaire ne régleront pas les problèmes, ne les feront pas disparaître. Et pendant qu'on se convainc qu'on est une victime, on n'a pas le temps de chercher des solutions.

Si vous faites des choix qui ne plaisent à personne, le monde ne s'arrêtera pas de tourner. C'est à vous de choisir. Lorsqu'on fait des choix, on est responsable de tout ce qui s'ensuit. Notre vie actuelle est la conséquence des choix que nous avons faits il y a des années. Accepter ce fait et en prendre conscience, en prendre la responsabilité, voilà ce qui nous aidera à faire de meilleurs choix pour notre vie et à nous rapprocher du bonheur. Une Happy Girl sait exactement ce qui la rend heureuse et ce qui la rend malheureuse. Ça lui permet de faire les bons choix, les choix qui sont bons pour elle, pas pour les autres.

Nous souffrons toutes d'amnésie sélective en reniant les expériences douloureuses du passé plutôt de les accepter, d'en constater les résultats, de voir les problèmes qu'elles ont engendrés, de sorte que nous puissions en trouver les solutions pour y remédier, pour nous en libérer, pour ne plus les répéter.

Admettez tout, *mea culpa*, même si cela vous semble difficile. Ce n'est qu'un mauvais moment à passer. Ne pas admettre sa responsabilité par rapport à sa vie, c'est se tromper soi-même. Il faut chercher la vérité, et non pas la confirmation de ce que l'on pense.

Quels comportements avez-vous adoptés et quelles décisions avez-vous prises pour être là où vous êtes? Et maintenant, pourquoi votre vie ne pourrait-elle pas être autrement? Pourquoi ne pourriez-vous pas être une Happy Girl, vous aussi?

Tout ce que nous sommes ne dépend que de nous. Ce n'est la faute de personne si nous sommes malheureuses ou si nous nous maquillons les yeux avec de l'ombre vert forêt; c'est notre responsabilité. De même, personne n'est responsable de notre bonheur. Choisir d'adopter un comportement, quel qu'il soit, implique que l'on choisit toutes les conséquences qui en découlent.

Dans l'un et l'autre des aspects de votre vie, changez votre façon d'agir, changez votre façon de penser, devenez une Happy Girl responsable, qui a du pouvoir sur sa vie, et mettez du rose sur vos yeux.

Nous créons ce que nous sommes tout le temps, par ce que nous disons, par les gestes que nous faisons, par les décisions que nous prenons. Si votre passé ne vous a pas plu, arrêtez de fonctionner dans votre présent comme si vous étiez encore dans le passé, vous continuerez de reproduire ce qui vous a déplu.

Les filles, si c'était à refaire, que recommenceriez-vous dans votre vie?

«J'étudierais en art.»
Marianne, 44 ans

«Je ne me serais pas gênée autant pour faire des choses et j'aurais moins tenu compte de l'opinion des autres.»
Fanny, 27 ans

«Je prendrais le temps de me connaître mieux avant de m'engager sérieusement en amour. Mais je me sers de tout ce qui m'arrive, je regarde en avant et je continue!»
Laurence, 35 ans

«Si c'était à refaire, je n'aurais jamais suivi toutes ces diètes stupides et je serais toujours aussi mince qu'à 15 ans.»
Sophie, 30 ans

«Je serais allée consulter avant pour mes problèmes de dos, je ne souffrirais pas autant aujourd'hui.»
Solange, 32 ans

«*Mon adolescence. Je ferais plus de choses sans avoir de remords.*»
   Virginie, 22 ans

«*Pour revivre l'expérience, recommencer ma dernière année d'études, pour le plaisir.*»
   Agathe, 32 ans

«*Je me forcerais pour avoir de meilleures notes afin d'aller directement en médecine plutôt que d'étudier dans une autre discipline avant. J'aurais pensé plus à moi et moins aux autres, j'aurais fait plus de théâtre, de voyages et laissé mon ex bien avant...*»
   Léa, 29 ans

«*Rien du tout, je suis parfaite, je suis une femme.*»
   Myriam, 26 ans

«*J'aurais fait mes enfants plus tard, question d'être mieux installée.*»
   Anne, 31 ans

On oublie les regrets, les angoisses sur ce qui n'a pas été fait ou sur ce qui aurait pu être fait, ça ne change rien dans le présent. Même si nous passons notre vie à regretter nos actes manqués, nous ne pourrons rien y changer puisqu'ils font partie du passé et que nous n'avons aucun, mais alors là aucun, pouvoir sur le passé. On doit agir dans le présent, puisque c'est seulement dans le présent qu'on peut bouger; le passé c'est le passé et l'avenir dépend entièrement de ce qu'on fait maintenant.

Peu importent les gestes que vous allez faire dans l'avenir, réfléchissez avant aux conséquences de ces gestes. Qu'est-ce que ça va vous rapporter si vous faites ça ou ça? Prenez toutes vos certitudes, vos croyances, vos opinions, vos présuppositions, vos convictions et remettez-les en question. Seuls les fous ne changent jamais d'idée! Être une Happy Girl demande de la réflexion. Méditer sur qui nous sommes, sur ce que nous pensons, sur ce que nous faisons, n'est pas une perte de temps; c'est essentiel pour avancer dans la vie, pour être heureuse.

Les filles, ce qui ne marche pas comme vous le voulez dans votre vie

«Mon couple, parce que je ne me suis pas assez écoutée et parce que lui ne m'a pas écoutée non plus! Faut se connaître soi-même pour bien choisir.»
Laurence, 35 ans

«Ma vie amoureuse est un flop sur toute la ligne. Je cherche toujours pourquoi, mais à la longue, je m'habitue à avoir une vie amoureuse de merde. Au moins, mon amant est fidèle.»
Sophie, 30 ans

«Le sexe. Trop peu fréquent. Mon chum est assez irrégulier de ce côté.»
Léa, 29 ans

«Ma vie amoureuse. J'aimerais bien avoir une relation amoureuse mais je ne suis pas prête. C'est donc la bataille intérieure en ce moment!»
Miss Lili, 29 ans

«L'argent! Je n'arrive pas à comprendre comment mes parents, à mon âge, arrivaient à se payer une maison, une voiture, des meubles et un voyage dans le sud par année, alors que je fais de la colocation et me promène en autobus même si je suis plus scolarisée.»
Lucie, 30 ans

«J'aimerais avoir plus de temps pour moi, pour prendre soin de moi.»
Solange, 32 ans

«*L'argent, ma vie amoureuse... Et puis, le divorce, ça coûte cher.*»
Myriam, 26 ans

«*Ma vie de couple, et j'aimerais bien qu'on me dise pourquoi!*»
Anne, 31 ans

«*Mes relations avec les hommes.*»
Fanny, 27 ans

Prendre conscience que vous avez la responsabilité de votre vie, c'est aussi prendre conscience du pouvoir que vous avez sur elle. La responsabilité de ce que vous êtes vous donne le choix de décider pour vous, de changer votre vie, de faire tout ce que vous voulez. Bref, prendre conscience que vous êtes responsable de ce que vous êtes est un plongeon dans le bonheur, dans votre bonheur. Être responsable de votre vie va permettre à la petite Happy Girl en vous de se montrer le bout du nez. Et c'est le commencement d'une belle aventure... la vôtre!

Les filles, à quel moment vous remettez-vous en question?

«*Chaque fois que je dis des conneries et que j'aimerais mieux disparaître deux mètres sous terre. Chaque fois que je blesse quelqu'un ou que je me sens blessée.*»
Léa, 29 ans

«*Chaque fois que je rencontre un gars, chaque fois que je suis dans mon SPM et quand mon compte en banque crie famine.*»
Sophie, 30 ans

48

«À 20, 25, 30, 35 ans! Ou chaque soir avant de m'endormir, je fais mon examen de conscience, des fois, je le coule!»

Laurence, 35 ans

«À chaque fin de relation amoureuse et chaque fois que je change d'emploi.»

Lucie, 30 ans

«Chaque fois que je deviens célibataire et chaque fois que le SPM se pointe.»

Miss Lili, 29 ans

«Quand j'ai pas une maudite cenne ou quand je suis dans mon SPM.»

Solange, 32 ans

«Chaque fois que le SPM me tombe dessus.»

Myriam, 26 ans

«Quand mon budget se porte mal...»

Marianne, 44 ans

«Lorsque je vis une déception.»

Fanny, 27 ans

«Lorsque ça ne va pas bien avec mon chum, c'est-à-dire souvent.»

Anne, 31 ans

OBTENEZ CE QUE VOUS VOULEZ

A vez-vous un plan, une philosophie de vie, ou laissez-vous la vie vous mener là où elle le veut bien? Peu importe où vous en êtes dans la vie, il est temps de faire des choix, vos choix. Avoir la volonté et le courage de réclamer de la vie ce que vous voulez est un élément majeur pour avoir du succès, pour réaliser vos rêves et atteindre vos buts. Pour être la Happy Girl que vous rêvez d'être.

Le succès est accessible dans notre quotidien; tout dépend de la définition que nous lui donnons. Essayer, c'est le secret pour améliorer sa vie. Parce que c'est seulement quand on essaie qu'on réussit. Pour être capable de réussir, il faut avant tout accepter qu'on ne peut pas réussir tous les coups. Quand on parle de succès, l'orgueil doit faire ses valises pour laisser la place à l'humilité. On doit compter beaucoup d'échecs pour une seule réussite. Une Happy Girl accepte l'échec avec humilité, mais surtout avec dignité. Échouer n'est pas la fin d'une vie, c'est juste une étape à passer, une étape qui peut nous apporter beaucoup. Il s'agit seulement de voir l'échec comme une leçon de vie. Je vous l'accorde, il y a des leçons de vie qui coûtent cher. Mais quand on y pense bien, apprendre de ses échecs n'a pas de prix. On s'en rappelle toute sa vie.

Et si notre orgueil en prend pour son rhume, c'est pas si grave, il ne faut seulement pas que notre orgueil nous empêche d'essayer de nouveau. Faisons bon usage de notre orgueil en continuant d'essayer, jusqu'à ce que nous réussissions. L'orgueil bien placé fait bouger les montagnes, nous permet d'atteindre les plus hauts sommets et de relever tous les défis.

Les filles, quand votre orgueil prend-il le dessus?

«Lorsqu'on me dit que je ne serai pas capable.»
Myriam, 26 ans, et Fanny, 27 ans

«Quand j'ai une peine d'amour, si je ne peux pas sauver mon cœur, je sauve la face.»
Sophie, 30 ans

«Mon orgueil a toujours le dessus, mais je reste très humble. Je crois que mon orgueil est bien placé. Pour foncer dans la vie, j'ai besoin de me sentir fière de moi.»
Laurence, 35 ans

«Quand on me met au défi de faire quelque chose. Mon orgueil va me faire faire n'importe quelle niaiserie juste pour prouver que je ne recule devant rien.»
Agathe, 32 ans

«Tout le temps...»
Virginie, 22 ans

«Quand je suis en présence de mes enfants.»
Marianne, 44 ans

«Mon orgueil, je l'ai par rapport à moi. Quand je fais quelque chose, je sais ce dont je suis capable et je me fiche de l'opinion des autres, je veux réussir pour moi.»
Solange, 32 ans

«Lorsque quelqu'un s'attaque à mes points faibles.»
Miss Lili, 29 ans

«Quand on me considère pour moins que ce que je suis.»
Léa, 29 ans

«Quand je me fais mal ou qu'on me met au défi de faire quelque chose.»
Lucie, 30 ans

«Lorsqu'il s'agit de mes enfants.»
Anne, 31 ans

Exiger quelque chose de la vie, essayer et échouer, c'est beaucoup plus facile à gérer que la peur d'exiger, d'essayer et d'échouer. La peur est là et reste là tant et aussi longtemps qu'on n'essaie pas. L'angoisse et l'anxiété que la peur vous fait subir ne disparaîtront qu'à partir du moment où vous agirez. Éviter d'agir vous permet d'éviter l'échec, mais ça vous enlève aussi toute chance de réussite. Le succès n'est pas une question de chance; vous réussirez tout ce que vous voulez seulement si vous travaillez.

On évite souvent d'essayer par peur d'être rejetée, par peur du changement, parce que la gratification n'est pas immédiate. Le pire qui puisse arriver quand on essaie, c'est d'échouer. Les échecs passés ont-ils été des échecs parce qu'on a eu peur? Ou a-t-on au moins la certitude d'avoir tout essayé pour éviter d'échouer? En répondant honnêtement à ces questions, vous verrez plus clair dans la façon dont vous vous y prenez pour atteindre vos buts.

Les filles, quel a été votre pire échec?

«Jusqu'à maintenant, mon mariage, mais il me reste encore beaucoup de temps pour faire des niaiseries.»
Laurence, 35 ans

«Mes relations amoureuses.»
Miss Lili, 29 ans

«*Toutes mes relations amoureuses.*»
    Sophie, 30 ans

«*Mes relations affectives avec les gars.*»
    Lucie, 30 ans

«*J'aurais voulu faire plus... au travail ou dans mes études.*»
    Marianne, 44 ans

«*Ne pas avoir fait le marathon de Boston!*»
    Solange, 32 ans

«*Ma relation avec mon ex.*»
    Myriam, 26 ans

«*Ma vie de couple.*»
    Anne, 31 ans

«*L'amour, mes relations avec les hommes.*»
    Fanny, 27 ans

Trouvez en vous votre esprit volontaire, d'initiative, d'aventure et déterrez-le. Réfléchissez à ce que vous voulez obtenir, à ce que vous voulez faire et essayez! Qui ne risque rien n'a rien.

Avant tout, il est important de savoir ce qu'on veut. Pour savoir ce qu'on veut, il faut apprendre à se connaître, à clairement identifier ce que l'on souhaite de la vie, ce que l'on souhaite faire de sa vie. Il faut cerner précisément ce qu'on veut si on veut l'obtenir. Ce que vous voulez est peut-être juste sous votre nez, mais si vous ne savez pas ce que vous voulez, vous ne le verrez jamais.

Faites une liste de ce que vous voulez pour votre vie comme si vous faisiez votre liste pour le père Noël. La seule différence maintenant, c'est que le père Noël, c'est vous... la barbe en moins. Vous n'obtenez jamais plus que ce que vous demandez, alors demandez-en plus de la vie. Et comme les occasions d'obtenir ce que vous voulez sont limitées par le temps, vous pourriez passer à côté de ce que vous voulez si vous laissez passer toutes les occasions de l'obtenir. Après tout, une Happy Girl ne laisse jamais passer la chance d'obtenir ce qu'elle veut.

Les filles, votre liste pour le père Noël

Sophie demande au père Noël:
- 50 millions de dollars;
- un mari italien grand, beau, passionné, fertile et fou de moi;
- arrêter de fumer sans douleur;
- la vie éternelle pour tous ceux que j'aime et moi-même;
- être une sorcière;
- le corps de Kristen Johnston;
- la maison de Martha Stewart;
- le talent de Martha Stewart;
- une New Beetle rose;
- être très très très intelligente.

Léa demande au père Noël:
- la paix dans le monde et la répartition des richesses;
- la santé assurée pour tous ceux que j'aime;
- toutes mes dettes payées et de l'argent pour finir mes études sans me poser de questions;
- un voyage par année, minimum;
- le don des langues;
- deux autres enfants;
- un tour et un four à poterie;
- un corps parfait;
- un truc infaillible pour arrêter de me ronger les ongles;
- une maison sur le bord de la mer.

Solange demande au père Noël:
- un physio, un chiro et un masseur à domicile;

– un chalet à la campagne;
– un autre enfant;
– un emploi de rêve pour mon conjoint;
– un rôle principal dans une série télévisée;
– que ma mère cesse d'être angoissée;
– mon permis de conduire;
– un gros 4 × 4;
– une bonne forme cardiovasculaire;
– que tous les enfants dans le monde mangent à leur faim et soient heureux.

Laurence demande au père Noël:
– un contrat payant assuré;
– un nouvel ordinateur;
– un supervibrateur (je suis pas à l'aise de magasiner ça);
– un beau corps;
– une maison immense;
– une bonne dose de courage;
– des tapis sauve-pantalons;
– un voyage dans le sud;
– une pédicure;
– 300 000 $.

Marianne demande au père Noël:
– la santé pour moi et mes proches;
– un ordinateur;
– une auto;
– de l'argent, beaucoup;
– un manteau Kanuk;
– le dernier roman de Michel Tremblay;
– un moulin à poivre en stainless;
– un mobilier de cuisine;
– un travail au Nigeria pour ma voisine (elle déménagerait);
– la tranquillité.

Myriam demande au père Noël:
– un billet de loterie gagnant;
– un homme parfait;

- la science infuse;
- un voyage dans le sud tous les quatre mois;
- une femme de ménage;
- un masseur;
- la santé pour ma fille;
- le bonheur, la santé et la richesse pour tous ceux que j'aime;
- une salle de cinéma juste pour moi;
- une auto de l'année, chaque année.

Tout le monde a des rêves, les renier serait une erreur. Nos rêves servent à nous faire avancer dans la vie, à continuer, à persévérer. Le rêve, c'est la vie. Tous nos rêves ne sont pas réalisables, mais c'est sain de rêver. Et les rêves qui peuvent se réaliser, nous devons les transformer en buts, en buts réalistes.

Commencez par définir votre rêve. Quel est-il? Est-il à votre portée? Peut-il devenir un but réaliste? Le plus important, c'est que le rêve qui devient un but doit être un but que vous pouvez contrôler, manipuler. Exprimez votre but par des événements ou des comportements bien précis. Bien définir ses buts permet de les atteindre plus facilement. Une fois cette étape franchie, exprimez ce but par quelque chose de mesurable, de quantifiable, quelque chose que vous pouvez observer afin de mesurer vos progrès dans l'atteinte de ce but. Élaborez une stratégie qui vous permettra d'atteindre ce but et fragmentez-le en étapes. Fixez-vous un laps de temps pour atteindre chaque étape de votre but et, enfin, fixez une date limite pour atteindre votre but.

Faites cet exercice pour chacun de vos buts, si minimes soient-ils; bien préparés, vos buts sont plus facilement visualisables, donc réalisables. Si vous vous comportez de manière significative, réfléchie et constructive pour atteindre vos buts, vous mettez toutes les chances de votre côté pour réaliser et obtenir tout ce que vous voulez.

Les filles, que faites-vous pour obtenir ce que vous voulez?

«J'utilise mon charme et je manipule un peu.»
Miss Lili, 29 ans

«Je travaille comme une folle. C'est fatigant, mais ça marche!»
Sophie, 30 ans

«Entourloupettes, machination, abus de pouvoir, psychologie, fausses rumeurs, tout!»
Laurence, 35 ans

«Je me sers de moi-même! Ma mère me disait: "On n'est jamais mieux servie que par soi-même." Alors, je fais les démarches nécessaires, je m'informe, je demande de l'aide, j'utilise les ressources.»
Léa, 29 ans

«Je prie.»
Lucie, 30 ans

«Je travaille en fonction de l'atteindre et je visualise ma réussite. D'habitude, ça marche.»
Solange, 32 ans

«J'utilise mon charme de femme fatale ou de salope, c'est selon.»
Agathe, 32 ans

«Le charme, la séduction... et un peu de tétage aussi...»
Myriam, 26 ans

«Je fonce et je travaille dans les coins, je suis une personne assez ratoureuse quand je veux....»
Virginie, 22 ans

«Je me sers de ma tête, je fais tout ce que je peux.»
Fanny, 27 ans

«Tout! Absolument tout!»
Anne, 31 ans

Ce qui est important de retenir, c'est que vous devez vous fixer des buts réalistes, sinon, vous irez au-devant de grandes déceptions. D'un autre côté, ne vous contentez pas de trop petit, vous êtes une Happy Girl, après tout! Peu importe ce que vous désirez, voyez grand mais voyez juste. Réussir c'est bien, mais plus vous aurez du succès, plus vous serez la cible d'attaques; des jaloux, il y en aura toujours. Et dans ce cas, la seule personne sur qui vous pourrez compter, c'est vous-même.

Ce n'est pas un événement comme tel ou une chose qui doivent être le but, mais les sentiments et les émotions qui y sont associés. Demandez-vous ce qui se passera lorsque vous aurez atteint ce but. Comment allez-vous vous comporter quand vous y serez arrivée? Est-ce que votre vie sera différente? Est-ce que d'atteindre ce but vous rendra heureuse ou est-ce que ça vous apportera seulement du plaisir?

Faites attention à ce que vous demandez de la vie, parce que vous pourriez l'obtenir...

Les filles, votre prochain but à atteindre

«Être heureuse et enfin trouver la paix intérieure.»
Miss Lili, 29 ans

«Il y a quelques mois, j'aurais dit une carrière incroyable et réussie, mais je crois maintenant que prendre soin de moi pour mieux prendre soin des autres est mon but à atteindre.»
Laurence, 35 ans

«Trouver l'homme de ma vie.»
Sophie, 30 ans

«Accoucher naturellement sans trop souffrir.»
Léa, 29 ans

«Terminer de m'installer dans mon nouvel appartement et trouver le temps de m'épiler.»
Lucie, 30 ans

«Croire au père Noël.»
Myriam, 26 ans

«Travailler à temps plein dans ma branche, mon éclosion professionnelle, quoi!»
Solange, 32 ans

«Finir d'écrire mon one-woman show.»
Agathe, 32 ans

«Recommencer à travailler, à écrire.»
Marianne, 44 ans

«Remettre de l'ordre dans ma vie de couple.»
Anne, 31 ans

«Réussir dans mon nouveau travail.»
Fanny, 27 ans

Les filles, par jour, combien de temps vous accordez-vous à vous toute seule?

«Je m'accorde presque tout mon temps. Comme je travaille à la maison, j'essaie de faire de chaque instant libre de ma journée quelque chose qui me fasse du bien. Comme je suis une paresseuse dans l'âme, une fois le travail terminé, je ne pense qu'à moi.»
Sophie, 30 ans

«À partir du moment où je quitte le bureau jusqu'au lendemain matin. J'apprends à apprivoiser la solitude et je dirais que c'est la meilleure chose qui me soit arrivée.»
Miss Lili, 29 ans

«Pour faire des choses que j'aime? Au moins une heure.»
Léa, 29 ans

«Il y a des fois où je peux donner beaucoup de temps à ma famille, surtout à mes enfants, mais je dois absolument trouver du temps pour moi, comme quelques heures par semaine.»
Laurence, 35 ans

«Le temps que je passe dans le transport en commun et la nuit, quand je dors avec mon chum.»
Lucie, 30 ans

«Pas assez longtemps.»
Myriam, 26 ans

«Pas beaucoup, une heure ou deux, gros maximum.»
Agathe, 32 ans

«Ces temps-ci, pas assez... Deux heures par jour pendant que mon fils fait sa sieste. Et je profite de ces deux heures pour dormir, moi aussi.»

Solange, 32 ans

«Je suis souvent seule le jour, mais je m'accorde un bon trois heures juste pour moi.»

Marianne, 44 ans

ORGANISER SON TEMPS

Le secret des gens heureux, c'est qu'ils prennent le temps. Ils prennent le temps de faire les choses. Les gens qui sont toujours à la course ne prennent jamais le temps de s'organiser pour pouvoir enfin avoir du temps. On ne prend plus le temps de prendre le temps.

Avant tout, ne perdons pas notre temps et évitons les personnes qui nous le font perdre. Notre temps est précieux, ne nous encombrons pas de gens qui ne font qu'en profiter sans rien nous apporter.

Quand on court entre le travail, les courses, les enfants et le conjoint, on finit par ne plus savoir où donner de la tête et on se sent toujours sur le bord de craquer. La seule solution pour s'en sortir, non ce n'est pas d'engager une femme de ménage, c'est de s'organiser. Une femme de ménage fera le ménage dans notre maison, elle ne fera pas le ménage dans notre emploi du temps, dans notre vie.

Pour se sentir en contrôle sur sa vie, il faut soi-même l'organiser. Être une Happy Girl, c'est enfin reprendre le contrôle sur le quotidien.

Et pour s'organiser, il faut commencer quelque part. Un petit horaire s'impose donc. Le samedi matin, on fait le ménage, sans être perfectionniste. On fait le plus pressant pendant que les enfants sont devant la télé. L'après-midi, on amène les enfants faire les courses, munie d'une liste, bien sûr. Pour l'épicerie, on planifie tous les repas des sept prochains jours et on achète en une seule fois ce qu'il faut pour toute la semaine. On n'a pas à retourner à l'épicerie constamment et le budget ne s'en portera que mieux.

Pendant les courses, on ne se presse pas, on fait participer les enfants, on prend plaisir à ce qu'on fait. Le dimanche, on peut cuisiner, préparer quelques repas à congeler qu'on sortira en semaine.

On prend le temps chaque soir, une fois les enfants couchés, de penser au souper du lendemain, de le planifier, de préparer un dessert ou un plat. Faites les lunchs, sortez les sacs d'école, les vêtements du lendemain, ça évite bien du stress et des énervements le matin. Et pendant qu'on s'affaire dans la cuisine, on en profite pour faire une brassée de lavage. Une fois tout ça terminé, on fait le tour de la maison et on ramasse ce qui traîne, on peut nettoyer un miroir, passer le balai. Une petite heure chaque soir consacrée à ces tâches vous permettra d'épargner tellement de temps et d'énergie! Le plus dur dans tout cela, c'est de démarrer.

Pour commencer à s'organiser, on prend un week-end pour se préparer à cette nouvelle routine. On fait garder les enfants, on fait un grand ménage, les courses et on commence enfin cette première semaine organisée. En fin de compte, il s'agit de se prendre en main, d'arrêter de jouer les victimes et de dire qu'on court après son temps. Si on n'est pas douée pour l'organisation, on demande à une amie de l'aide. Tout le monde connaît une maniaque du ménage et de l'organisation, alors on la met à contribution et on lui demande quelques trucs pour mieux s'organiser. Elle en sera ravie, et elle arrêtera de nous taper sur les nerfs.

Les filles, comment organisez-vous votre temps?

«Je déteste les choses prévues à l'avance. Annuler quand c'est planifié d'avance, c'est moche. Je laisse les choses venir toutes seules, comme ça, j'ai souvent de belles surprises.»
Miss Lili, 29 ans

«Je planifie une semaine à la fois et c'est super efficace.»
Fanny, 27 ans

«Je fais toujours des listes de choses à faire, listes qui sont beaucoup trop longues, alors je n'arrive jamais à tout faire dans le temps prévu! Je me couche plus tard et je vis des périodes de rush intense, mais au moins je n'oublie rien puisque j'ai ma liste!»
Léa, 29 ans

«Toutes les choses que je peux planifier d'avance, je les planifie. Ça me permet de garder du temps pour l'improvisation.»
Laurence, 35 ans, et Anne, 31 ans

«J'organise mon temps de peine et de misère. Quand je réussis à tout planifier pour une journée, les quatre jours suivants sont bordéliques. Je n'arrive pas à trouver mes bas et je mange des repas congelés. Je suis la reine de la procrastination. De toute façon, je n'arrive pas à tout faire et pour apaiser ma conscience, je me répète que j'ai pas de temps pour ça et que c'est pour ça que le plancher est sale. Bref, je ne m'organise pas!»
Lucie, 30 ans

«Selon mon horaire de travailleuse autonome et celle de mon conjoint, on planifie ce que l'on peut... une semaine à la fois.»
Solange, 32 ans

«J'essaie de planifier, mais c'est pas toujours évident, les choses arrivent sans qu'on s'y attende. Jusqu'à maintenant, je m'en sors assez bien.»

Virginie, 22 ans

«Je laisse les choses venir à moi, et quand elles arrivent, je les organise. Ça marche.»

Marianne, 44 ans, et Myriam, 26 ans

Petits trucs de filles pour gagner du temps

«Mettre la table du déjeuner la veille.»

Léa, 29 ans

«Je prépare tout ce que je peux à l'avance.»

Laurence, 35 ans

«Je fais du repassage, de la couture et du lavage en regardant mes émissions préférées.»

Sophie, 30 ans

«Pour les courses par exemple, j'écris tout, je me fais une liste avant de partir, je regroupe les choses à acheter par magasins et je me fais un trajet.»

Marianne, 44 ans

«Je fais deux affaires en même temps, comme faire la vaisselle et parler au téléphone.»

Lucie, 30 ans

«Je prends ma douche et je prépare mon lunch la veille. En plus, je conduis vite!»

Agathe, 32 ans

« Je fais tout ce que je peux avant de me coucher: je prépare les vêtements des enfants, je mets la table du déjeuner, je dresse la liste des
tâches à faire pour le lendemain, je planifie les repas du lendemain.
Après, je dors beaucoup mieux. Et mes journées se passent très bien. »
  Anne, 31 ans

« Je fais ma vaisselle au fur et à mesure. Je ne la laisse jamais s'accu-
muler. »
  Myriam, 26 ans

« Je retourne mes appels dans mon auto, avec mon cellulaire. »
  Miss Lili, 29 ans

« Le soir, je prépare les repas et les biberons de mon fils, de même que
les vêtements pour toute la famille pour le lendemain. Tout ce que je
peux planifier, je le fais. Chaque semaine, je me fais une liste de choses
à faire, et avec ça, j'arrive à tout faire à temps. »
  Solange, 32 ans

LA MAISON D'UNE HAPPY GIRL

L
a maison ou l'appartement que nous habitons est le reflet de ce
que nous sommes. Des pièces claires, aérées, colorées sont
invitantes pour les gens que nous recevons autant que pour
nous qui les habitons. Un espace restreint, chargé mais bien
pensé peut être aussi invitant qu'un large loft avec vue sur la

mer. Certaines d'entre nous ne sont pas douées pour la décoration, mais il y a certainement dans notre entourage, un ami, une amie, un membre de notre famille, qui soit doué dans le domaine. N'hésitez pas à demander quelques conseils; un coup de pinceau, un cadre bien placé, un canapé qui change de place, sont autant de petites choses qui peuvent faire la différence dans la manière dont vous vous sentirez chez vous.

Certaines sont prêtes à investir, sans hésitation, 150 $ en produits de beauté qui resteront sur les tablettes de la salle de bain, mais elles hésitent à acheter une petite étagère de 39 $ qui ferait toute la différence dans un coin d'une pièce et qui comblerait une partie de l'espace de rangement dont elles ont besoin. Si vous voulez avoir un chez-vous qui vous ressemble, qui corresponde à ce que vous êtes, à votre façon de vivre, de fonctionner, il faut y mettre du temps et de l'énergie. L'aménagement intérieur de votre demeure est le reflet de ce que vous êtes vous-même à l'intérieur de vous.

Améliorer votre milieu de vie ne coûte pas nécessairement cher. En fait, l'argent ne doit pas entrer en ligne de compte lorsqu'il est question d'aménager votre intérieur. Pour quelques dollars et de l'imagination, vous pouvez transformer votre chez-vous en un véritable palace; il s'agit de trouver ce que vous aimez et d'adapter ce style à votre budget.

Améliorer son intérieur est un investissement. Plus vous serez bien chez vous, moins vous aurez envie de fuir ce lieu pour aller n'importe où tous les soirs. Avoir un salon dans lequel nous nous sentons bien, dans lequel nous pouvons être tout à fait à l'aise, donnera à nos soirées en solitaire un tout autre goût. Quelques coussins, une petite table basse, une jetée, une plante verte, quelques bougies ou de nouveaux rideaux, et le tour est joué. C'est simple, pas simpliste. Pensez confort, pensez pratique, pensez invitant, pensez Happy Girl!

Les filles, êtes-vous bien chez vous?

«Absolument! Même si je rêve d'une maison immense, mon appartement me comble pour le moment. Je l'ai arrangé à mon goût. Il est mignon et je le trouve très confortable. Je suis toujours dedans, c'est mon lieu de travail aussi.»
Sophie, 30 ans

«Ouiiii! Mais je suis bien partout où je vais, sinon, je vais... je vais dans ma tête!»
Laurence, 35 ans

«Oui, très bien. Parce que je me sens en sécurité et que mon chez-nous me ressemble de plus en plus.»
Solange, 32 ans

«Oui, c'est essentiel, parce qu'avec ma fille, je passe beaucoup de temps à la maison.»
Myriam, 26 ans

«Ça dépend des jours, et ça dépend qui est là aussi...»
Anne, 31 ans

«Oui, je suis très bien chez moi, et j'avoue que je suis triste car je dois quitter cet appartement. Je m'y sens aussi bien que chez mes parents.»
Fanny, 27 ans

«Je suis au paradis à la maison. Ces temps-ci, c'est le seul endroit où j'ai vraiment le goût d'être.»
Miss Lili, 29 ans

«Très bien. J'aime ma maison, elle est confortable et chaleureuse.»
Léa, 29 ans

Une règle incontournable pour être bien chez soi, c'est d'organiser son intérieur de sorte que chaque chose ait une place. Premièrement, le ménage est beaucoup moins pénible: on ne passe pas son temps à se demander «Où est-ce que je vais bien pouvoir mettre ça?». Deuxièmement, quand on range tout à sa place, on se rend compte du tas de choses inutiles que l'on possède et dont on peut se débarrasser. Faisons des heureux, certains trouveront notre «surplus» bien utile et nous, ça nous libérera. Et troisièmement, en sachant exactement où est chaque chose dans notre maison, dans notre appartement, nous ne risquons pas d'acheter n'importe quoi en croyant que nous en avons besoin. Bref, si nous gardons notre chez-soi propre, en ordre, sans devenir maniaques évidemment, nous fonctionnerons beaucoup mieux. Et puis, quand c'est pas trop le bordel dans une maison, ça risque moins de l'être dans notre tête, dans la vie.

Ce n'est pas d'être compulsive que de classer ses vêtements dans une garde-robe. On les classe par saison, par couleur, par style, par tissu. On s'y retrouve ainsi beaucoup plus facilement! On voit claire-ment ce qu'on a à se mettre sur le dos chaque matin. Ce type de clas-sement nous permet de redécouvrir des vêtements et de les agencer différemment. Et lorsque l'on part magasiner ensuite, on risque moins de revenir avec des choses qui ressemblent trop à ce que l'on possède déjà. Le 6e pantalon noir est peut-être de trop. Et ce fabuleux veston rose en soie brute risque de ne jamais mettre le nez hors de la garde-robe parce qu'on n'a rien qui puisse s'harmoniser avec ce morceau-là, alors que quand on l'a acheté, on pensait bien que oui.

PETITS TRUCS PRATIQUES D'UNE HAPPY GIRL POUR SE RENDRE LA VIE AGRÉABLE

— Lire les instructions en anglais sur les produits, à haute voix, pour pratiquer son accent et pour savoir comment utiliser ces produits;

— Ajouter quelques gouttes d'huile essentielle ou de branches de lavande dans un vaporisateur rempli d'eau, pour le repassage;

— Mettre de l'huile essentielle d'eucalyptus sur le filtre de l'aspirateur;

— Mettre sur le feu de l'eau à chauffer avant que la visite débarque, et ajouter quelques branches de vanille. Laisser cuire une bonne heure, ou jusqu'à ce que l'odeur de vanille embaume toute la maison. Ça fait changement de l'odeur des pots-pourris;

— Acheter des savons parfumés de qualité au lieu des savons «ordinaires». Ça sent tellement meilleur et la douche du matin sera plus agréable et parfumée. Ça part bien une journée;

— Ajouter une goutte d'huile essentielle d'eucalyptus sur l'oreiller avant de dormir; non seulement ça sent bon, mais c'est excellent pour nous aider à mieux respirer;

— Additionner quelques gouttes d'huile de citron dans l'eau de rinçage quand c'est le temps de laver les planchers de bois; cela donne de la brillance au plancher et une odeur agréable;

69

- Se procurer un afficheur téléphonique pour filtrer les appels et ne pas passer du temps à parler aux gens qui nous le font perdre;

- Ajouter quelques feuilles d'assouplissant pour la sécheuse dans nos housses à vêtements, dans le fond de nos tiroirs ou dans la garde-robe, pour donner à tous nos vêtements une fraîche odeur du printemps;

- Déposer la serviette et la robe de chambre dans la sécheuse quelques minutes avant de prendre sa douche; elles seront chaudes et beaucoup plus invitantes;

- Ouvrir une fenêtre tous les jours, juste le temps de faire aérer la maison, et ce, peu importe la saison. Changer d'air, ça fait toujours du bien;

- Mettre quelques gouttes d'essence de vanille dans la peinture au latex si l'odeur de la peinture nous répugne. Ça atténue l'odeur et la peinture sentira... moins la peinture et presque la vanille;

- Couvrir le plancher du salon de coussins, juste pour retrouver le plaisir de regarder la télé assise par terre... et se rendre compte qu'on n'est pas si en forme que ça, finalement;

- Garder une douillette et un oreiller dans le salon en permanence, pour tenter la paresseuse en nous;

- Placer des ampoules de couleur dans des lampes de table pour modifier l'ambiance d'une pièce;

- Préparer des repas que l'on peut laisser mijoter toute la journée pour que l'odeur qui s'en dégage imprègne la maison;

- Disposer des photos des gens qu'on aime dans la maison, ça rappelle toujours de bons souvenirs et ça habille un mur.

Mais un moyen efficace pour nous faciliter la vie, et qui entretient positivement nos relations avec les autres en même temps, c'est d'avoir un petit réseau d'entraide. Quand on a des projets, il ne faut pas hésiter à demander de l'aide aux gens qu'on connaît, à mettre leurs talents à contribution. En échange, on rend service avec ses propres talents. Et une vraie Happy Girl a beaucoup de talents.

Si on sait faire de la bonne confiture, on fait de la confiture pour ses amis en échange de leur talent de comptable, de jardinière ou de couturière. C'est pas si compliqué d'organiser avec des amis et des collègues un réseau d'échanges de services. On peut échanger des livres, des disques, des recettes, etc. Avec les bonnes copines, on peut se prêter des souliers, des vêtements, des accessoires, des bijoux, etc. C'est comme magasiner, mais gratuitement.

Les coups de main dans la vie sont toujours bienvenus. Nous pouvons aider quelqu'un à déménager et il nous rend la pareille quand vient notre tour. Ou il vient nous aider à faire de petites rénovations ou à déplacer un meuble, ou il nous emmène au resto. Le truc, c'est de demander qu'on nous rende service et d'offrir quelque chose en retour, ou de rendre service et de demander quelque chose en retour.

Si on a un réseau plus organisé, la personne A nous rend service, on rend service à la personne B qui, elle, rendra service à la personne A en retour. Tout le monde est gagnant et a reçu de l'aide en échange de ses services. Tous les gens qui nous entourent ont des talents extraordinaires que nous n'avons pas et vice versa, alors pourquoi ne pas en profiter? La vie de tout le monde sera améliorée. Il suffit de s'arranger pour que chacun y trouve son compte.

Non seulement ces échanges de services nous rendent la vie plus facile, mais ils nous permettent de créer des liens différents avec notre entourage et de nous sentir moins seules.

Les filles, avec vos amis et vos collègues, échangez-vous des services?

« Je fais des super bonnes bouffes à mon voisin, chaque fois qu'il vient me dépanner avec mon ordinateur. Je demande des conseils à

un ami pour mon travail; en échange, je fais des corrections ou de la rédaction pour sa compagnie. Avec une amie, on se reçoit à souper une fois par semaine, chacune son tour, ça fait du bien. »

Sophie, 30 ans

« Un coup de main pour un conseil, une oreille attentive pour du gardiennage, une recette pour un café, un café pour un coup de marteau, un coup de marteau pour un coup de main... »

Laurence, 35 ans

« Avec une amie, on s'échange du gardiennage. C'est fameux. »

Myriam, 26 ans

« Au travail, c'est chacun son tour de faire les tâches les plus ennuyantes. »

Agathe, 32 ans

« Quand les enfants étaient jeunes, trois de mes amies et moi-même, on amenait les enfants chaque jeudi chez l'une d'entre nous. De 10 h à 16 h, un jeudi par mois, je me retrouvais à garder six enfants, mais j'avais les trois autres jeudis du mois pour moi toute seule. »

Marianne, 44 ans

« On fait des échanges de toutes sortes, on amène chacune son tour le lunch au travail, on échange des cassettes d'émissions enregistrées, des vêtements, etc. On échange de tout, sauf peut-être des mecs... »

Fanny, 27 ans

« Oui, comme j'ai une auto, je conduis pas mal mes amies. En échange, elles m'invitent au resto ou elles me préparent un repas à la maison. »

Miss Lili, 29 ans

«Les déménagements, la couture, le ménage, je fais plein de trucs avec mes copines; des fois, c'est pour moi, des fois, c'est pour elles. Et j'échange beaucoup de vêtements et de trucs de bébés avec mes amies mères aussi.»

Solange, 32 ans

HAPPY GIRL AU BOULOT

L e travail fait partie intégrante de notre vie; rares sont celles qui peuvent passer à côté. Comme on passe beaucoup de temps au travail, il faudrait qu'on y soit au moins bien, sinon heureuse.

Commencez par réfléchir à ce que vous faites au travail. Est-ce que vous aimez ça? Quelles sont vos tâches? vos responsabilités? Pourquoi vous êtes payée? Et surtout, est-ce que c'est vraiment cela que vous voulez faire le reste de votre vie?

Ces questions sont importantes puisque nous passons environ le tiers de notre vie à travailler. C'est beaucoup de temps et ça l'est encore plus si nous ne sommes pas bien au travail, si nous n'aimons pas ce que nous faisons ou si le milieu de travail ne nous convient pas. Prenez quelques minutes pour répondre à ces questions, vous pourriez être surprise...

Les filles, votre travail...

«*Je coordonne des productions en télévision, je suis donc le point central de l'équipe. Tout doit passer par moi. J'aime bien mon travail parce que je sens vraiment que je travaille pour quelque chose, que je suis utile. J'aime vraiment beaucoup ce que je fais.*»
Lili, 29 ans

«*J'écris pour gagner ma vie, et j'adore ce que je fais, surtout parce que je le fais à la maison. Plus jamais je n'irai travailler dans un bureau, à moins que ce ne soit l'emploi du siècle, et encore...*»
Sophie, 30 ans

«*Je suis humoriste, j'écris, je crée, je répète, je joue et j'adore ça!*»
Laurence, 35 ans

«*Aider les gens malades. J'adore.*»
Léa, 29 ans

«*Je suis secrétaire. Je suis indispensable et en même temps très remplaçable. Oui, j'aime mon travail. Présentement, c'est ce dont j'ai besoin.*»
Lucie, 30 ans

«*Je vends de l'assurance et je déteste ça. Mais je suis prise là, je n'ai pas de portes de sortie et j'ai des avantages sociaux. J'ai besoin de ce travail-là pour vivre, c'est tout.*»
Agathe, 32 ans

«*Maman à temps plein, céramiste, étudiante... J'aime ce que je fais, mais je suis assez fatiguée...*»
Myriam, 26 ans

74

«*Je suis comédienne et humoriste, et j'adore ça! C'était ma destinée et c'est ce que j'accomplis tous les jours. J'ai voulu changer de voie souvent, mais les événements m'ont toujours ramenée dans le "droit chemin", vers mon métier.*»

Solange, 32 ans

«*Je suis retraitée et j'écris des textes pour une amie humoriste. Oui, j'adore écrire.*»

Marianne, 44 ans

«*Je travaille avec les enfants et j'adore ça!*»

Anne, 31 ans

«*Je suis statisticienne, je travaille avec des chiffres et c'est passionnant.*»

Fanny, 27 ans

Lorsque l'on se sent malheureuse au travail, c'est rarement le travail comme tel qui est en cause, mais plutôt l'environnement. Et surtout, le fait que notre patron et nos collègues ne nous reconnaissent pas pour ce que nous faisons. Si, dans notre travail, on ne tient pas compte de tout notre potentiel, de tout ce que nous faisons pour l'entreprise, ça mine beaucoup notre humeur et notre santé mentale. Le problème alors, c'est que nous en faisons toujours plus que ce que l'on nous demande, et c'est une erreur puisque plus nous en faisons, plus on nous en demande… sans nous payer davantage. Il est difficile après de cesser de faire ce pour quoi nous ne sommes pas payées. Il est difficile d'exiger qu'on nous paie pour ce que nous faisions déjà gratuitement.

Si vous voulez avoir plus de responsabilités, demandez à votre patron de vous les donner, de vous reconnaître pour ça et de vous payer pour ce que ça vaut. Il ne faut pas prendre les devants et penser que votre patron appréciera votre initiative et vous payera après. Même si vous avez le meilleur patron du monde, ça reste un patron…

Si votre patron vous enterre sous les responsabilités, il serait peut-être temps de remettre les pendules à l'heure. Vos responsabilités doivent être reconnues, surtout si ça va bien. Un patron donne souvent des responsabilités à ses employés dans le seul but d'avoir sous la main des coupables si ça va mal, mais c'est lui qui ramasse les fleurs quand ça va bien. Exigez qu'on reconnaisse que les responsabilités qu'on vous donne soient valides en tout temps, pas juste quand ça va mal.

La reconnaissance doit donc venir de votre patron, par le salaire qu'il vous donne, mais surtout par son sentiment d'appréciation par rapport à ce que vous faites pour la compagnie. De même, vos collègues devraient être conscients de vos tâches à accomplir et de vos qualités, comme vous devriez être consciente des leurs. On est toutes remplies de qualités humaines qui serviraient grandement à l'entreprise, qui doivent déjà lui servir. N'hésitez pas à en faire part à votre patron, ça pourrait améliorer votre rendement au travail et votre qualité de vie, et ainsi, vous seriez un meilleur atout pour votre employeur.

L'important pour vous libérer de l'emprise que le travail a sur vous, c'est d'établir vos priorités. En vouloir toujours plus ne sert à rien et ne vous donnera rien. Votre travail, ce n'est pas ce que vous êtes, c'est seulement ce que vous faites. C'est beaucoup, mais ce n'est pas tout.

Les filles, vous êtes-vous déjà senties exploitées par un patron?

«*Non, pas vraiment. Lorsque je sens la chose venir, je m'en vais.*»
Lili, 29 ans

«Oui et ça a été l'horreur! Un contrat de huit mois supervisé par une ménopausée sénile, 90 heures par semaine pour un salaire qui ne valait pas la dépression qui a suivi! Ça a été l'horreur et ça m'a rendue malade. Plus jamais!»

Sophie, 30 ans

«Oui, mais ça ne m'a pas tellement affectée. Je savais que je ne finirais pas mes jours-là.»

Laurence, 35 ans

«Ouiiiii! Et surtout, sans jamais avoir eu de reconnaissance. C'est ça le plus dur quand tu te donnes au maximum.»

Léa, 29 ans

«Oui, un misogyne, un abuseur, il m'a même demandé en entrevue si je comptais avoir des enfants. Il me donnait des informations contradictoires pour pouvoir se permettre de gueuler constamment, rien ne faisait jamais son bonheur. Il faisait exprès de me terroriser pour ensuite me dire qu'il blaguait. Bref, pendant six mois qu'a duré mon contrat, il a joué avec ma santé mentale. À la fin du contrat, il m'a offert un poste permanent, je vous dis pas le plaisir que j'ai eu à lui déclarer "Non merci!".»

Lucie, 30 ans

«J'ai travaillé pour un patron qui me faisait faire plein d'heures supplémentaires pour un projet en plus de mon travail régulier. Il ne voulait pas me payer mes heures supplémentaires sous prétexte que le fait de m'accomplir au sein de sa compagnie devait être suffisant pour moi. Il a fini par payer, le maudit!»

Agathe, 32 ans

«J'ai déjà travaillé au salaire minimum, alors c'est certain que je me suis fait exploiter.»

Myriam, 26 ans

77

« Comme je parle pas très fort, j'ai eu le salaire le moins élevé accordé dans la boîte. Il aurait fallu que je chiale un peu. »
Fanny, 27 ans

Si votre patron ou un de vos collègues est un hystérique, un colérique, un chialeux, qu'il passe son temps à hurler, à gueuler après tout le monde, imaginez-le en jaquette d'hôpital dans un asile d'aliénés, il vous paraîtra beaucoup moins menaçant et il finira par ne plus vous angoisser, mais par vous faire rire. Ne prenez pas ces gens-là au sérieux. Écoutez-les en vous faisant un écran et faites à votre tête après. La plupart du temps, ces gens-là ne se rappellent plus pourquoi ils vous engueulaient cinq minutes après.

Ne jouez pas leur jeu. Un homme en colère, c'est bien, c'est un bon moyen de s'affirmer. Une femme en colère, c'est pas beau, ça fait de la peine au petit Jésus, c'est une hystérique. C'est plate, c'est sexiste, mais la réalité c'est ça, et en milieu de travail, c'est pire. Si vous êtes en colère, prenez une grande respiration et faites valoir votre point de vue, fermement, sans crier. On se souviendra de ce que vous avez dit et non pas de votre « crise d'hystérie ». Et peu importent les situations, le climat de travail, restez positive. Si vous vous y mettez vous aussi, vous ne vous en sortirez pas vivante. Après tout, vous ne jouez pas votre vie au travail, vous êtes là pour la gagner. Et si ça ne marche vraiment pas, partez!

Les filles, pour survivre à un patron ou à des collègues insupportables...

« Je me mets dans une bulle et je fais ce que j'ai à faire, un point c'est tout. »
Agathe, 32 ans

« Je les détruis constamment dans ma tête, ça fait du bien. »
Myriam, 26 ans

«Je n'ai pas la patience de supporter des gens comme ça, je change de travail!»
Laurence, 35 ans

«Je les fais suer autant qu'ils me font suer, en continuant de bien faire mon travail, jusqu'au moment où je fais un scandale en leur remettant ma démission... à moins qu'ils ne m'aient mise à la porte avant.»
Sophie, 30 ans

«J'en parle à voix haute, je ne cache rien et je discute avec eux, si possible.»
Virginie, 22 ans

«Je m'arrange pour que mon travail soit impeccable et j'embarque le moins possible dans leur jeu.»
Solange, 32 ans

«Je quitte l'emploi, sans hésitation. La vie est trop courte et on travaille trop longtemps dans une journée pour se faire chier!»
Léa, 29 ans

«Après avoir fait ma petite analyse pour m'assurer que le problème ne vient pas de moi, je quitte l'emploi sans regret et, surtout, sans me poser de questions.»
Marianne, 44 ans

«Je démissionne!»
Anne, 31 ans

Donner du répit à la superwoman en vous

Pour la superwoman en nous, celle qui ne doit jamais s'arrêter sous prétexte que la terre s'arrêtera de tourner, il y a plusieurs petits trucs simples qui permettent d'éviter de craquer, parce qu'une Happy Girl ne craque pas, elle agit.

Commençons par être moins perfectionnistes; de toute façon, la perfection n'est pas de ce monde. Soyons juste plus organisées, donnons-nous un temps précis pour chaque tâche et respectons-le; nous aurons tout le temps qu'il faut pour bien faire les choses et les remettre à temps, sans faire d'angoisse. Et une chose à la fois: lorsque nous travaillons à une tâche, évitons de penser aux millions d'autres choses que nous avons à faire.

Avoir la tête ailleurs ralentit notre rythme. Et, de temps en temps, posons-nous donc la question suivante: «Si je n'accomplis pas cette tâche-là, est-ce que ce sera catastrophique?» Si la réponse est non, on ne la fait pas tout de suite ou on ne la fait pas du tout et on passe à autre chose. Il est essentiel d'établir ses priorités.

Le plus important pour éviter de faire un *burnout*, c'est d'apprendre à déléguer, mais surtout à dire non. Dire non n'est pas facile, mais c'est possible. Vous n'êtes pas obligée de vous faire mourir pour votre patron; ce n'est pas votre entreprise, vous n'en récolterez pas les profits!

Peu importe l'ardeur et le temps que vous mettez dans votre travail, vous ne serez pas plus riche. Les patrons ont tendance à exploiter les employés les plus dévoués parce que, peu importe comment ils les traitent, ils sont dévoués quand même. Si vous voulez absolument faire du bénévolat, choisissez une autre cause que celle de votre patron. Les enfants malades, les sans-abri et les personnes âgées ont beaucoup plus besoin de votre précieux temps que votre patron. Vous ne devez pas travailler pour lui sans rien avoir en retour. Mettez un terme à tout ça en disant non. Ce n'est pas nécessaire que ce soit fait du jour au lendemain, mais peu à peu, commencez à dire non à de petites choses. Continuez ainsi jusqu'à ce que vous fassiez votre travail, seulement votre travail, seulement ce pour quoi vous êtes payée.

Et déléguez! Déléguer, c'est demander à quelqu'un de faire une tâche qu'on ne peut pas faire pour une raison ou pour une autre. Ce n'est pas parce que vous êtes incompétente, c'est juste parce que vous êtes débordée. Et quand vous déléguez, ne vous justifiez pas; vos collègues sont aussi là pour travailler et ils sont tout aussi compétents que vous et peuvent faire le travail aussi bien que vous, même s'ils le font différemment. Ce qui compte, c'est que le travail soit fait, non? Vous n'avez qu'à bien expliquer ce que vous attendez du travail à faire et c'est tout. Plus vos demandes seront claires, plus le travail de votre collègue sera celui que vous auriez fait.

Surtout, dans tout ce que vous faites, et plus particulièrement à votre travail, accordez-vous le droit à l'erreur. Ce n'est pas grave si vous vous trompez; ce n'est qu'un travail, ce n'est pas votre vie. En déléguant, assurez-vous que le travail se fait et prévenez votre supérieur que vous avez délégué cette tâche à quelqu'un d'autre. Si ça tourne mal, vous ne serez pas la seule responsable. Autrement dit, protégez vos arrières.

Les filles, êtes-vous capables de dire non?

«J'ai pas mal de misère, mais en vieillissant, je m'améliore beaucoup.»
Miss Lili, 29 ans, et Anne, 31 ans

«Maintenant oui, mais je n'ai pas toujours été capable. Des fois, j'ai des rechutes.»
Laurence, 35 ans

«Pas toujours, mais quand je suis en SPM, je dis juste non. Ça compense pour le reste du temps où je n'y arrive pas.»
Sophie, 30 ans

«Oh oui! À 20 ans, je n'étais pas capable de dire non. Maintenant, oui, je le peux. Ça fait partie de ce que j'appelle se respecter.»
Léa, 29 ans

«À l'occasion, mais c'est rare.»
Agathe, 32 ans

«J'ai beaucoup de difficultés à dire non, mais je connais mes limites, surtout face au travail.»
Virginie, 22 ans

«Avant, non; maintenant, oui. Depuis que j'ai été une employée modèle et trop dévouée, je sais dire non.»
Solange, 32 ans

«Non, non, non. Je pense que je suis capable de dire non.»
Myriam, 26 ans

«Maintenant, oui! Enfin!»
Marianne, 44 ans

«C'est très dur. Quand c'est des amis ou de la famille, j'en suis incapable.»
Fanny, 27 ans

Aussi, essayez de ne pas étaler votre vie privée au travail. Ce qui vous arrive en dehors du bureau ne regarde pas vos collègues, ça regarde vos proches. Si vous avez des amis au bureau, parlez de votre vie personnelle avec eux en dehors des heures du travail. Ne mêlez pas tout, parce que lors de conflits de travail, ça pourrait devenir délicat.

Lorsque vous partez de la maison pour aller au bureau, décidez à quelle heure vous partirez de votre travail le soir. Vous serez moins tentée de finir plus tard. Quelques minutes avant de partir, faites la liste des tâches à effectuer le lendemain. Laissez cette liste bien en vue pour la consulter dès votre arrivée au bureau. N'apportez pas cette liste à la maison le soir, vous risqueriez d'y ajouter d'autres tâches. Soyez réaliste: c'est la liste d'une seule journée que vous établissez, pas celle de tout le mois. Et à côté de chaque tâche, allouez un temps précis et réaliste pour l'effectuer.

Si vous le pouvez, arrivez au bureau une heure avant tout le monde le matin. Vous pourrez ainsi faire avancer votre travail sans être dérangée par le téléphone ou les collègues.

Ayez aussi comme règle de ne pas parler du boulot en dehors des heures de bureau. Vous passez huit heures par jour au travail, parfois plus, c'est suffisant. Vous avez tout le temps qu'il faut pendant ces heures pour en parler. Et remplissez vos week-ends d'activités et de loisirs, vous serez moins tentée de vous remettre à travailler parce que vous vous ennuyez et que vous n'avez rien d'autre à faire. Pour vous y aider, évitez de rapporter le travail à la maison. Vous n'êtes plus à l'école, après tout, vous n'avez pas de devoirs à faire.

Les filles, pour un peu de répit à la superwoman en vous...

«*Après chaque période très intense de travail, je deviens la reine de la paresse durant quelques jours, le temps de me reposer. Je le fais sans aucune culpabilité. Ça fait tellement de bien!*»
Sophie, 30 ans

«*Je dors le plus possible. Pendant chaque moment libre, je fais une sieste.*»

Myriam, 26 ans

«*Je dédramatise tout ce qui m'arrive et je confie mes problèmes et ce que je ne peux pas gérer à plus fort que moi. Sérieusement, la spiritualité me garde saine d'esprit.*»

Lucie, 30 ans

«*Je respecte mes limites et je m'occupe de moi.*»

Léa, 29 ans

«*Quand je veux me donner une pause, je vais prendre un café au resto du coin. Ou le soir, je lis un magazine pendant une heure, avant de me coucher. Et une fois par semaine, je m'achète un demi-litre de crème glacée et je le mange en écoutant une série télévisée qui n'est pas digne de ce nom.*»

Solange, 32 ans

«*J'ai appris à respecter mes limites et à les faire respecter par les gens autour de moi.*»

Laurence, 35 ans

«*Quand je sors du bureau, je décroche complètement, comme si je sortais de prison et que je retrouvais ma liberté.*»

Agathe, 32 ans

«*Je me parle et je prends plus de temps pour moi.*»

Marianne, 44 ans

Si vous êtes de celles qui travaillent quelque part en attendant autre chose, parce que vous ne trouvez pas d'emploi dans votre domaine ou que vous n'aimez pas votre travail, n'en faites tout simplement pas le centre de votre vie. On passe beaucoup trop de temps et on perd beaucoup trop d'énergie à haïr un travail dans lequel on ne se reconnaît pas. Prenez-le comme un jeu, allez travailler en jouant le rôle de la fille dans le film américain qui va réaliser son grand rêve à la fin du film. Faites-vous croire que vous êtes une espionne russe ou une princesse amnésique tombée dans un mauvais *soap opera*. L'imagination permet de survivre aux pires situations, alors laissez-vous aller!

Les filles, l'échec professionnel qui vous a le plus marquées

«*De ne pas avoir vu que l'on me demandait d'être plus que ce que j'étais en réalité.*»
Laurence, 35 ans

«*Je me suis fait renvoyer effrontément d'un emploi que j'aimais et pour lequel je me défonçais. Tout ça parce que le grand patron voyait un gars pour le poste, pas une fille. C'est dégueulasse. Ce qui me console aujourd'hui, c'est qu'ils ont tous regretté mon départ parce que le gars ne faisait pas l'affaire.*»
Sophie, 30 ans

«*L'incapacité à me trouver un emploi dans le milieu où j'ai toujours voulu travailler.*»
Léa, 29 ans

«*Mes études!*»
Myriam, 26 ans

«*Je n'ai pas eu d'échec...Ce n'est pas pour faire ma fine, c'est vrai.*»
Agathe, 32 ans

«Quand j'ai quitté un emploi à temps complet, à la suggestion de mon patron qui m'avait dit qu'il me ferait travailler à contrats à la place. Il ne m'a jamais rappelée. J'aurais apprécié qu'il me le dise tout de suite que je ne faisais pas l'affaire et qu'il me renvoie au lieu de me faire des promesses.»

Solange, 32 ans

«Alors que je travaillais dans une compagnie de déménagement, j'ai fait une énorme erreur concernant une estimation. Mon patron m'a détestée et mes collègues se sont bien moqués de moi.»

Marianne, 44 ans

Les filles, la meilleure raison pour laisser un emploi

«Trouver un autre emploi qui propose beaucoup plus de défis et vouloir changer d'air.»

Miss Lili, 29 ans

«Toutes les raisons sont bonnes quand on n'aime pas ce qu'on fait. On peut même en inventer.»

Sophie, 30 ans

«Pour améliorer son sort, pour avancer, pour faire quelque chose de plus stimulant.»

Agathe, 32 ans

«Y être malheureuse.»

Léa, 29 ans

«Les collègues et les patrons insupportables.»

Lucie, 30 ans

«Quand il n'y a pas de respect pour mon travail ou quand un patron ne me donne aucune latitude, ou encore quand je n'aime pas ce que je fais.»
  Solange, 32 ans

«Un milieu de travail malsain, dans lequel on ne peut pas s'épanouir.»
  Laurence, 35 ans

«Pour améliorer sa situation, se sentir mieux .»
  Myriam, 26 ans, et Fanny, 27 ans

«Quand on n'est pas valorisée, reconnue, quand on se sent exploitée.»
  Marianne, 44 ans

«Quand on n'aime pas ce que l'on fait.»
  Anne, 31 ans

HAPPY GIRL AU CHÔMAGE

A u chômage? Peu importe la raison pour laquelle vous ne travaillez pas, profitez enfin de cette pause que la vie vous offre pour penser à vous. Profitez-en pour prendre du repos, vous gâter, vous dorloter. Voyez cette période d'arrêt comme des vacances, des vacances pas loin et à petit budget peut-être, mais des vacances quand même.

La perte d'un emploi est un excellent moment pour se remettre en question, positivement. Revoyez vos priorités, vos aptitudes, vos envies. Profitez de ce temps d'arrêt pour retourner à l'école, pour réorienter votre carrière, pour aller vers quelque chose que vous n'avez pas eu la chance d'expérimenter avant.

Cherchez du travail, mais pas à temps plein. Gardez-vous du temps pour faire tout ce que vous voulez faire depuis longtemps. Pendant que vous travaillez, que vous avez des sous, achetez tout ce qu'il vous faut pour vos projets futurs. Comme ça, quand vous serez sans emploi, moins riche, vous aurez tout le matériel qu'il vous faut pour faire ce dont vous avez envie, et vous aurez le temps de le faire.

Être sans travail, ce n'est pas un échec, c'est juste une pause avant la réussite.

Les filles, pour passer le temps au chômage...

«Je dors et je me regarde le nombril, histoire de prendre du recul et de repartir sur de meilleures bases. Je peins mon appartement, je décore, je bricole, je fais de la couture, j'écoute des films, je cuisine, etc. Et quand j'ai le temps, je cherche du travail.»
Sophie, 30 ans

«Je ne sais pas, je n'ai jamais été en chômage, mais mon contrat se termine bientôt, alors je verrai.»
Miss Lili, 29 ans

«Je fais beaucoup de bénévolat, ça m'aide à avoir envie de me trouver un travail.»
Laurence, 35 ans

«Je m'adonne à mes loisirs: ma fille, la poterie, le théâtre, la couture et je prends soin de moi.»
Léa, 29 ans

«Je soigne mes ongles. Au chômage, j'ai les plus beaux ongles en ville!»
Lucie, 30 ans

«Depuis que je suis maman, je ne suis jamais au chômage...»
Myriam, 26 ans

«Impossible pour moi! Je serais incapable d'arrêter de travailler.»
Virginie, 22 ans

«Je fais la cuisine, le ménage (j'adore faire le ménage!), je bricole, je couds, je peins, je lis, je gâte mon petit monde.»
Marianne, 44 ans

«Le chômage? C'est quoi ça?»
Anne, 31 ans

«Je fais tout, sauf me chercher un emploi.»
Solange, 32 ans

L'ARGENT

L'argent n'achète pas le bonheur, c'est vrai, mais ça aide à être heureux. Les gens heureux ont un rapport avec l'argent tout à fait différent des gens malheureux. Pour eux, l'argent est une source de bien-être, de liberté, pas d'angoisse et de contrainte.

Si nous avons des dettes et que c'est lourd à porter, commençons par assumer le fait que nous avons nous-mêmes contracté ces dettes. Pouvons-nous faire marche arrière? Rendre la marchandise et se faire rembourser? Non? Bon alors, nous avons deux solutions: soit nous payons, soit nous nous angoissons jusqu'à ce que dépression ou faillite s'ensuivent. S'empêcher de dormir, se ronger les sangs et les ongles ne feront pas disparaître nos dettes. Retroussons alors nos manches et trouvons une solution.

Réévaluons notre budget, coupons dans les dépenses, échangeons les vacances dans le sud pour un week-end dans une auberge de la région, changeons les boutons de notre manteau d'hiver au lieu d'en acheter un nouveau, prenons l'autobus au lieu de prendre un taxi, envoyons nos vêtements se faire faire une beauté chez le nettoyeur au lieu d'en acheter de nouveaux, etc. C'est niaiseux, mais nous allons récupérer là quelques dollars, et ces quelques dollars amassés, nous pouvons en faire quoi? Nous pouvons les utiliser pour payer nos dettes. Se sentir responsable et prendre les moyens qu'il faut pour régler une situation est un grand pas vers le bonheur.

Les filles, comment vous sentez-vous par rapport à vos dettes?

«*Assez mal! Assez impuissante!*»
  Laurence, 35 ans

«*Je les paie peu à peu et je n'y pense pas la plupart du temps. Ça ne m'empêche pas de dormir.*»
  Sophie, 30 ans

«*Aussi bien que mes dettes envers moi! J'attends de les payer mais ça ne me stresse pas.*»
  Léa, 29 ans

«*Ça me stresse puisque je n'ai pas l'habitude d'avoir des dettes. Ça m'empêche parfois de dormir.*»
Miss Lili, 29 ans

«*Exactement comme si j'étais dans le film* Neverending Story.»
Lucie, 30 ans

«*J'aimerais ça les payer en criant: "16 000 $", mais j'essaie de ne pas m'en faire au quotidien. C'est juste de l'argent. Je n'ai pas de relations affectives avec mes dettes.*»
Solange, 32 ans

«*Je veux en entendre parler le moins possible. Je les paie, c'est assez.*»
Myriam, 26 ans

«*On s'habitue, mais quand le chèque de paie arrive, il s'en va aussitôt payer les dettes... Ça fait mal.*»
Agathe, 32 ans

«*Pas pire, on s'habitue.*»
Marianne, 44 ans

«*Je n'ai pas de dettes d'argent... En fait, je dois tout à mes parents...*»
Fanny, 27 ans

«*De mieux en mieux, parce que j'en ai de moins en moins.*»
Anne, 31 ans

Si vous êtes toujours à court d'argent, faites l'exercice suivant. Pendant une semaine, inscrivez chacune de vos dépenses, du paquet de gomme au dépanneur au martini pris avec les copines après le bureau. Inscrivez tout, ne cachez rien. À la fin de la semaine: surprise! Vous verrez que vous avez énormément dépensé. Est-ce que tout ce que vous avez acheté cette semaine était nécessaire? Certainement pas. Réévaluez alors vos habitudes de consommation et coupez dans le gras. Après cet exercice, vous vous trouverez sûrement un peu plus riche qu'avant.

Pour être plus raisonnable, plus prudente avec notre argent, nous devons faire la distinction entre un besoin et un désir. Nous avons besoin d'un grille-pain et nous désirons une petite robe noire griffée. Les besoins, c'est ce qui est essentiel à notre bien-être, c'est manger, se loger, se chauffer, se déplacer, téléphoner. Et les désirs, c'est tout le reste. Si vous avez les moyens de vos désirs, tant mieux et profitez-en, profitez-en bien!

Sinon, si vous êtes comme la majorité des gens et que vous devez vous en tenir à un budget, évaluez chacun des achats que vous voulez faire en vous posant les questions suivantes:

— Est-ce que c'est nécessaire et utile? En ai-je vraiment besoin?

— Comment vais-je me sentir une fois que je l'aurais acheté? Plus heureuse? plus à l'aise? soulagée? comblée?

— Est-ce nécessaire maintenant? Est-ce que je peux y penser encore un peu?

— Et, surtout, est-ce que je peux me le permettre?

Si vous avez répondu à toutes ces questions honnêtement pour tout ce que vous voulez acheter, vous ne comblerez qu'environ 10 % de vos désirs. Le reste ira dans votre tiroir à rêves ou sera oublié. Surtout, vous aurez toujours tout ce dont vous avez réellement besoin, et même un peu plus, sans y perdre votre chemise. On est toujours mieux quand on regrette de ne pas avoir acheté que quand on regrette d'avoir trop acheté...

Les filles, l'achat que vous avez le plus regretté

«Une aquarelle à 550 $ d'une parfaite inconnue que je trouve bien ordinaire, finalement.»
Léa, 29 ans

«Un vélo à 800 $ dont je ne me suis à peu près pas servie, un tournevis électrique qui ne visse rien et tous les trucs inutiles et niaiseux qui traînent dans le fond d'un placard.»
Sophie, 30 ans

«Le Ab-Roller, une machine vendue 200 $ et annoncée à 1 h du matin à la télévision et qui devait me faire des abdominaux d'enfer! Ben oui! Je ne m'en suis jamais servie, mais ça m'a fait un magnifique support à vêtements.»
Lucie, 30 ans

«Une Lincoln Continental 1995 que j'ai achetée à l'encan dans le but de la revendre ensuite à profit. Ça n'a pas fonctionné. J'ai perdu 4 000 $!»
Agathe, 32 ans

«Une robe à 100 $. La première fois que je l'ai mise, un ami m'a dit que j'avais l'air de sa grand-mère. Depuis, elle reste dans la garde-robe. Mais ce que je regrette le plus d'avoir payé, c'est tous les mauvais repas pris dans de mauvais restaurants.»
Solange, 32 ans

«Une étagère beaucoup trop petite que j'ai payée beaucoup trop cher.»
Virginie, 22 ans

«L'anneau de mariage de mon mari.»
Laurence, 35 ans

93

«Au moins la moitié des vêtements qui sont dans ma garde-robe.»
Anne, 31 ans

«Des tapis blancs. Tellement pratiques et faciles d'entretiemment!»
Marianne, 44 ans

«Un pantalon de cuir que je n'ai porté qu'une seule fois.»
Fanny, 27 ans

Mais si vous tenez absolument à combler tous vos désirs et à ne pas vous contenter seulement de ce dont vous avez besoin, vous devez apprendre à magasiner intelligemment. Ça veut dire courir les soldes, les marchés aux puces, les centres de liquidation et les friperies. Apprenez à être patiente si ce que vous voulez est au-dessus de vos moyens. Attendez en mi-saison, à la fin de la saison, après les fêtes ou lorsque ce sera en solde.

Mais les soldes ne sont pas toujours des rabais. Il faut magasiner les vêtements et les objets en solde comme s'ils étaient à plein prix et non pas les acheter uniquement parce qu'ils sont soldés. Ce n'est pas parce que ce n'est pas cher qu'on en a besoin. Ayons toujours en tête que payer 20 $ pour un chemisier que l'on ne portera pas revient beaucoup plus cher que de payer 100 $ pour un chemisier que l'on portera.

Lors des soldes, c'est tout à votre avantage de magasiner les vêtements de base, c'est-à-dire le pantalon noir, le chemisier blanc, la petite robe noire passe-partout, le tailleur, les jupes bien coupées, bref, tout ce qui passera les années sans se démoder. Évitez à tout prix d'acheter des accessoires, des chaussures ou des vêtements trop mode, trop tendance, trop branchés. Ces articles-là sont souvent considérés comme *out* quelques mois après, on les voit partout et ils finissent toujours dans le fond de la garde-robe après n'avoir été portés que quelques fois, ou même pas du tout.

Les filles, l'achat dont vous êtes les plus fières

«Mon dernier manteau d'hiver, un manteau des années 40 que j'ai vraiment pas payé cher.»
Miss Lili, 29 ans

«Un canapé-lit que j'ai acheté d'une connaissance, 80 $. Il est comme neuf!»
Sophie, 30 ans

«Un ouvre-boîte à 20 $ qui est parfait! J'ai fini de sacrer après des ouvre-boîtes qui ne fonctionnent qu'à moitié.»
Lucie, 30 ans

«Mon véhicule, un utilitaire sport. J'ai vraiment eu le garagiste. Alors que j'étais avec lui dans son garage, je lui ai fait croire que j'étais en ligne avec un autre concessionnaire qui me faisait un bien meilleur prix. Et ça a marché. Le pire, c'est que mon cellulaire n'était même pas en fonction.»
Agathe, 32 ans

«Une auto d'occasion qui a fonctionné parfaitement jusqu'à ce que j'aie... un accident!»
Myriam, 26 ans

«Mon auto... petits paiements.»
Virginie, 22 ans

«Ma laveuse et ma sécheuse: belles, bonnes, pas chères et très essentielles dans ma vie!»
Solange, 32 ans

«J'en ai plein! Je suis la reine des bons achats! Récemment, j'ai trouvé une robe de couturier pour 20 $. Elle est magnifique!»
Léa, 29 ans

«Douze paires de gants pour 1 dollar!»
Marianne, 44 ans

«Ma voiture, c'est papa qui me l'a vendue. J'ai eu un bon prix.»
Anne, 31 ans

Habituellement, quand les grandes surfaces font des soldes sur une sélection d'articles en particulier, les autres commerces suivent. L'avantage des grandes surfaces, c'est le choix, les prix, compte tenu des stocks tenus. Par contre, mieux vaut ne pas compter sur le service. Si vous achetez un article électronique, par exemple, un article avec lequel vous risquez d'avoir des difficultés tant au point de vue de l'installation que du fonctionnement, vaut mieux magasiner chez le commerçant du quartier plutôt que dans une grande surface. Le prix y est sans doute à peine plus élevé que dans une grande surface, et le service après-vente vaut bien ces quelques dollars de plus.

Bref, l'essentiel à retenir c'est de réfléchir avant d'acheter et de respecter à la lettre les trois règles suivantes:

— Ne jamais magasiner avec son conjoint.

— Ne jamais magasiner avec une amie plus riche que nous.

— Ne jamais magasiner saoule.

Les filles, votre plus folle dépense?

«*Une robe à paillettes à 600 $ alors que je n'avais pas d'occasion précise pour la porter.*»
Laurence, 35 ans

«*Quelques voyages dans le sud et ma voiture.*»
Miss Lili, 29 ans

«*Une robe à 375 $ que je porte rarement parce qu'elle est trop sexy.*»
Sophie, 30 ans

«*La même maudite Lincoln Continental 1995 qui m'a fait perdre 4 000 $.*»
Agathe, 32 ans

«*Dernièrement, des vêtements signés.*»
Marianne, 44 ans

«*Ma maudite maison!*»
Anne, 31 ans

«*Une soirée qui m'a coûté quelques centaines de dollars. C'était pour me remonter le moral. Ça m'a fait tellement de bien!*»
Fanny, 27 ans

«*Le voyage que j'ai payé à mon ex.*»
Myriam, 27 ans

«*Des accessoires pour la maison: 1 600 $ en une seule fois!*»
Solange, 32 ans

LES CARTES DE CRÉDIT, AU FRAIS!

Les cartes de crédit doivent être une source de liberté, pas d'angoisse. Si vous avez atteint les limites de crédit de vos cartes et que vous n'avez pas les moyens de les payer, ou que vous êtes incapable de limiter à vos moyens les dépenses que vous y transférez, voici un moyen plutôt «happy» de vous en sortir.

Premièrement, sortez vos cartes de crédit de votre portefeuille et allez à la cuisine, cartes en main. Prenez un verre de plastique, remplissez-le d'eau, puis mettez vos cartes de crédit dans l'eau et déposez le tout au congélateur. N'ouvrez le congélateur qu'une fois que vos cartes seront complètement prisonnières de la glace. Ainsi, quand vous voudrez vous en servir, vous devrez attendre qu'elles dégèlent. Ça vous donnera le temps de réfléchir; en respirant par le nez, vous pourrez mieux contrôler votre compulsion à acheter à crédit. Cette méthode est tout à fait sécuritaire pour vous et... pour vos cartes puisqu'elle ne les abîme en rien.

Pendant que vos cartes sont gelées, vous les payez. Si vous êtes dans une situation financière difficile, faites au moins le paiement minimal. Quand ça va mieux dans vos finances, ajoutez quelques dollars à votre paiement. Soyez patiente, vous en verrez la fin. Une fois que vous les aurez payées, faites dégeler votre verre, prenez le téléphone et faites baisser votre limite de crédit sur toutes vos cartes.

Ensuite, ne prenez qu'une seule carte et congelez les autres de nouveau. Laissez toujours votre unique carte de crédit à la maison; emportez-la avec vous seulement lorsque vous en avez réellement besoin ou quand vous prenez votre voiture, en cas d'urgence.

Et au lieu de vous angoisser sur le solde de vos cartes de crédit, souriez pendant qu'elles sont au froid et profitez de tout ce que vous

vous êtes payé à crédit. C'est bien la moindre des choses, compte tenu des intérêts en cours.

Les filles, vos cartes de crédit sont-elles pleines, payées, hors service, inexistantes?

«*Elles sont pleines et hors service. Malheureusement. Je les paie tranquillement en prenant mon mal en patience. Ça pourrait être pire.*»
Sophie, 30 ans

«*Inexistantes parce que les dernières étaient pleines et que c'est trop difficile pour moi de gérer ça!*»
Laurence, 35 ans

«*Inexistantes parce que mes demandes sont toujours refusées.*»
Solange, 32 ans

«*Toujours pleines!*»
Virginie, 22 ans

«*Je n'en ai pas. Une chance!*»
Myriam, 26 ans

«*Elles sont presque pleines, mais il reste de la place pour encore quelques cadeaux...*»
Agathe, 32 ans

«*À moitié pleines... pour l'instant.*»
Marianne, 44 ans

«*Elles sont payées, je suis très très raisonnable pour ça.*»
Fanny, 27 ans

«Pas de cartes de crédit, et c'est beaucoup mieux ainsi.»
Anne, 31 ans

«J'ai plusieurs cartes de crédit, mais je n'en utilise qu'une seule, il y a pas grand-chose dessus. Ma marge de crédit, par contre, c'est une autre histoire...»
Miss Lili, 29 ans

«Jamais pleines et jamais plus remplies qu'elles ne le devraient. Je les paye toujours en entier, c'est un principe chez moi. Quand je ne pourrai plus les payer, je les couperai.»
Léa, 29 ans

LES AUTRES ET LES AMIS

«Je donne, je reçois.»

Les relations avec les autres font partie intégrante de notre vie. Et pour bien vivre ces relations, il faut en connaître leur nature. Dans la relation avec l'autre, peu importe qui il est, on reçoit seulement ce que l'on donne. Il faut déterminer la manière que nous acceptons d'être traitées plutôt que de nous en plaindre. Le comportement, l'attitude avec lesquels nous approchons les gens détermineront leur façon de nous répondre. Pour nous faire traiter comme une reine, il ne faut laisser aux autres aucune chance de nous traiter autrement.

Si les gens ont un comportement négatif envers vous, c'est que votre attitude et vos comportements les encouragent à se comporter ainsi. Autrement dit, si les autres vous traitent comme de la merde, c'est que vous les laissez agir de la sorte, ou que vous sentez vraiment mauvais. Il est difficile d'accepter que nous sommes responsables, au moins partiellement, des comportements négatifs que nous subissons. Nous devons alors comprendre ce que nous faisons pour renforcer, obtenir et permettre ces comportements négatifs à notre endroit. Si quelqu'un nous traite mal, et que nous le tolérons, nous récompensons cette personne, nous acceptons et endossons ses comportements négatifs. Cette personne continuera d'agir de la sorte avec nous puisqu'elle obtient ce qu'elle veut en nous traitant ainsi.

Les filles, ce qu'il y a de plus important en amitié

«L'écoute, la générosité, le plaisir et la complicité. Je pense surtout que nous ne devons pas attendre des autres ce que nous ne pouvons attendre de nous-mêmes.»
Sophie, 30 ans

«Le respect, et prendre les gens tels qu'ils sont.»
Miss Lili, 29 ans, et Solange, 32 ans

«Le respect, mais surtout la compréhension, la disponibilité et la franchise.»
Laurence, 35 ans

«La franchise.»
Virginie, 22 ans

«Vivre et laisser vivre, n'avoir pas trop d'attentes et prendre les gens comme ils sont.»
Lucie, 30 ans

«Le respect des différences, des états d'âme, des styles de vie, des goûts, des...»
Léa, 29 ans

«La confiance. Sans ça, on ne parle pas d'amis, on parle de connaissances.»
Agathe, 32 ans

«La franchise et le respect.»
Myriam, 26 ans

«L'honnêteté.»
Fanny, 27 ans

«La qualité des rapports et non la quantité.»
Anne, 31 ans

Les filles, vos amis vous traitent-ils comme vous le méritez?

«Si ce sont mes amis, c'est qu'ils savent bien me traiter. En général, je ne colle pas sur des gens avec qui je ne me sens pas bien.»
Laurence, 35 ans

«Je crois bien que oui. Je crois que j'apporte beaucoup à mes amies et elles savent bien me le rendre. La clé: le respect.»
Miss Lili, 29 ans

«La plupart du temps, oui; mais des fois, j'ai l'impression qu'ils ne me connaissent pas.»
Sophie, 30 ans

«Même mieux! Ils sont très compréhensifs, ils supportent mes retards, mes oublis de les rappeler, mes semaines sans donner de nouvelles...»
Léa, 29 ans

«Je ne suis pas toujours la meilleure amie que je souhaiterais être pour mes amies, alors je ne m'attends pas à ce qu'elles soient de meilleures amies que moi. Mais je reviens toujours et, heureusement, elles aussi.»
Lucie, 30 ans

«Pas toujours, je suis quelqu'un qui donne beaucoup et qui reçoit peu, en tout cas, pas autant que je le voudrais.»
Virginie, 22 ans

«Oui, et je crois que je le leur rends bien.»
Fanny, 27 ans

«Pas toujours...»
Anne, 31 ans

«Oui, j'ai beaucoup d'encouragements de mes amis, on se tient beaucoup. On est là les uns pour les autres.»
Solange, 32 ans

Pour que nos relations avec les autres soient agréables, nous devons travailler un peu. On doit d'abord trouver son style, sa façon d'aborder les gens. Lorsqu'on aborde les gens, que ce soit des amis, des membres de la famille ou des étrangers, en s'informant avec compassion de leur santé ou de leur humeur par exemple, en se faisant du souci pour eux, en leur demandant ce qui leur arrive, on place immédiatement le rapport à un autre niveau, à un niveau plus profond. À vous d'établir votre style et les rapports que vous souhaitez avoir avec les gens. À vous de découvrir la Happy Girl que vous serez avec les autres.

Nous croyons, à tort, que l'acceptation des autres confirme notre valeur, c'est pour cela que nous avons si peur d'être rejetées. Sachez que vous n'aurez jamais l'approbation de tout le monde; la seule personne dont vous devriez chercher l'approbation, c'est vous. Il faut se faire confiance et prendre des décisions en fonction de soi et non pas sous la pression des autres, même si cela peut provoquer leur rejet. Le rejet n'est pas un échec, on ne peut plaire à tout le monde en même temps. Si une personne vous rejette sans raison évidente, c'est peut-être qu'elle a un problème. Adoptez une attitude détachée; c'est difficile évidemment, mais c'est essentiel car on rejette rarement une personne comme telle, on rejette sa décision, ses opinions, ses comportements, ses choix ou ce qu'elle représente.

Les filles, à quel moment vous êtes-vous sentie le plus rejetée?

«Lorsque j'ai découvert que mon chum couchait avec ma meilleure amie. J'ai eu deux peines d'amour d'un seul coup. Je me suis sentie tellement exclue, humiliée, comme si je n'étais pas capable d'être aimée, comme un rejet.»
Fanny, 27 ans

«En 6ᵉ année, quand je me suis mise à prendre du poids, pas beaucoup, mais juste assez pour toujours être choisie la dernière dans l'équipe de ballon chasseur.»
Laurence, 35 ans

«Quand je suis invitée à un mariage et que tout le monde est en couple, sauf moi, parce que je suis célibataire depuis toujours et parce qu'aucun de mes amis gais n'est disponible pour m'accompagner. Finalement, je passe la cérémonie à pleurer parce que je crains de ne jamais me marier, et je passe la soirée à danser avec les vieux oncles et les cousins cochons de la mariée. Ils sont bien contents.»

Sophie, 30 ans

«Dans une relation amicale à trois où j'étais toujours la dernière à savoir ce qui arrivait aux deux autres. En fait, moi, je me considérais comme l'amie des deux autres, mais les deux autres étaient beaucoup plus amies entre elles qu'avec moi et m'excluaient souvent de leurs projets.»

Léa, 29 ans

«Quand on m'a renvoyée d'un groupe de filles humoristes, alors que je travaillais comme une folle et que j'avais du talent.»

Solange, 32 ans

«Quand mes parents n'ont pas voulu venir à ma remise des diplômes en 5e secondaire parce que j'avais trop séché les cours...»

Lucie, 30 ans

«Lorsque, pour des raisons de santé, j'ai dû adopter un autre style de vie. Certains de mes amis n'ont pas compris et m'ont tout simplement laissée tomber.»

Virginie, 22 ans

«Quand mon premier amour gai, ma première blonde, a rompu avec moi.»

Agathe, 32 ans

«Aussi loin que je me souvienne, avec ma mère.»

Marianne, 44 ans

Rappelez-vous avec humilité que vous n'êtes pas le centre du monde. Les autres n'agissent pas en fonction de vous, pour ou

105

contre vous; ils agissent, c'est tout. Lors de conflits ou de malentendus, ne vous donnez jamais plus d'importance que vous en avez en réalité.

Si une amie porte un jugement sur vous, jugement que vous considérez comme gratuit et non fondé, demandez-lui de se justifier, de vous indiquer clairement quels sont vos comportements ou vos propos qui l'ont amenée à vous juger de la sorte. Ne laissez pas les choses en plan; le ressentiment est pire que tout, c'est le tueur numéro 1 des amitiés. Quand une amie vous blesse, dites-lui sur le coup qu'elle vous a blessée et demandez-lui pourquoi elle a fait ça. Il est probable qu'elle n'a pas voulu vous heurter. Peut-être s'est-elle mal exprimée. Ou peut-être avez-vous mal interprété ses propos. Le truc est de savoir quelle était son intention au moment où elle a prononcé ces paroles ou fait ces gestes qui vous ont blessée. Une fois que vous aurez mis les choses au clair, vous saurez à quoi vous en tenir avec cette amie.

Les filles, une amie vous a blessées... comment?

«*En répandant des faussetés à répétition sur mon chum, qu'elle ne connaît même pas bien et qu'elle juge. Je l'ai doucement informée qu'elle se trompait et je me suis éloignée d'elle.*»
Léa, 29 ans

«*Une amie m'a déjà dit:"Je ne sais pas comment tu fais pour être grosse de même! Moi, chaque fois que je vois mon visage s'arrondir, je me mets à la diète". Je l'ai flushée!*»
Laurence, 35 ans

«*Lors d'une soirée, j'ai dit à une amie que j'espérais que le mec que j'avais rencontré et que j'aimais bien soit là. Tout ce qu'elle a trouvé à me dire, c'est: "Tu veux te faire baiser à soir? Tu commences à avoir un bon score, tu vas finir par battre des records...", en faisant allusion à mes aventures précédentes. Ça fait huit ans que je suis*

célibataire! Je peux baiser, moi aussi, non? Je peux aimer, moi aussi, non? Je n'ai rien dit de tout ça, en fait, je n'ai rien dit du tout. Et je l'ai encore sur le cœur.»

Sophie, 30 ans

«Ma sœur m'a déjà dit, adolescente, qu'elle ne voulait surtout pas me ressembler. J'ai pleuré et je me suis remise en question.»

Lucie, 30 ans

«Une amie m'a mise au pied du mur par rapport à la relation amoureuse que j'avais, en me disant la vérité et en me faisant prendre conscience que c'était une relation malsaine. J'ai été blessée, mais elle avait raison. Je suis maintenant séparée et je ne le regrette pas.»

Myriam, 26 ans

«Quand une amie m'a dit que j'étais trop ordinaire, que c'est pour cela que j'étais toujours célibataire. Je n'ai rien dit et je me suis remise en question.»

Fanny, 27 ans

«Quand une amie m'a dit que je n'avais rien de sérieux, que je prenais tout à la légère. J'ai donc essayé d'être très sérieuse avec elle pendant quelque temps et je me suis regardée aller. J'ai dit ensuite à mon amie que je n'étais pas comme ça, que de parler de la misère du monde et de choses intellectuelles, moi, ça ne me divertissait pas et que quand je faisais du social, c'était pour me divertir, justement.»

Marianne, 44 ans

«Quand une amie m'a dit que j'étais tout le temps trop mêlée. Ça m'a blessée parce qu'elle avait raison.»

Anne, 31 ans

«Quand une amie m'a annoncé qu'elle sortait avec le gars dont j'étais amoureuse. Je l'ai envoyée chier en spectacle, alors que *j'étais sur scène, j'avais intégré ça dans mon numéro. Elle est partie sans dire un mot et moi, ça m'a fait du bien. »*

Solange, 32 ans

Quand vous êtes avec quelqu'un, vous devez être là entièrement, votre esprit ne doit pas être ailleurs. Peu importe ce que l'autre vous confie, vous n'êtes pas là pour juger, vous êtes une amie qui écoute et qui essaie de comprendre. On se confie à vous pour avoir vos impressions, vos sentiments, pas votre opinion ni votre jugement. Soyez empathique, mettez-vous à la place de l'autre, imaginez ses sentiments, ses émotions, et demandez-vous ce que vous voudriez sincèrement entendre si vous étiez réellement à sa place. Cette méthode est simple, mais elle fait la force des amitiés les plus durables.

La deuxième chose primordiale en amitié, c'est l'écoute. Ça a l'air simple, mais écouter est un art. On ne doit pas seulement entendre ce que l'autre nous dit, on doit le comprendre et y réagir avec cœur.

Passez du temps avec les gens qui vous aiment, qui vous apprécient pour ce que vous êtes et qui vous le montrent. Ne vous encombrez pas des autres qui vous traitent mal, vous n'en avez pas besoin. Pour être une bonne amie, vous devez être généreuse, à l'écoute et empathique, et avoir des amis qui vous rendent la pareille. Vous devez être généreuse de votre temps, de votre énergie, de votre bonne humeur, mais jamais à vos propres dépens. Si vous n'allez pas bien, confiez-vous. L'idée n'est pas de raconter vos problèmes à l'autre jusqu'à ce qu'il s'en sente responsable (c'est la pire chose à faire à un ami), mais plutôt d'être honnête avec cette personne. La transparence est primordiale en amitié, c'est sa base.

Prenez chacune de vos relations si elle est saine ou complexe, si elle vous apporte du bonheur. Est-ce que ce sont les autres qui récoltent ce que vous semez? Voyez si certaines de vos relations vous demandent trop d'énergie pour ce que vous pouvez en retirer. Si oui, réévaluez la valeur de ces relations et éloignez-vous si vous ne les trouvez pas assez enrichissantes, réconfortantes, si elles vous causent plus d'angoisse que de bonheur. On ne doit pas tolérer une relation avec l'autre, on doit y être bien, y être soi-même, y être heureuse.

Les filles, avez-vous déjà éliminé des relations amicales de votre vie?

«Oui. Quand la personne t'apporte plus de problèmes que de plaisir ou qu'elle désire une relation unique et contraignante, ça ne m'intéresse pas. Je suis plutôt indépendante et j'ai plusieurs bons amis.»
Léa, 29 ans

«Oui, mais c'est difficile. Mais quand ça me demande beaucoup plus que je ne reçois tout le temps, j'abandonne. Je m'éloigne tranquillement, je ne donne plus de nouvelles.»
Sophie, 30 ans

«J'ai rarement éliminé des relations amicales complètement, de plein gré. C'est plutôt la vie qui en a décidé ainsi. La distance, les différences, les activités, les problèmes, les gars, le boulot, les bébés, etc.»
Lucie, 30 ans

«Oui, c'était le genre d'amie qui se prenait pour un juge de la Cour suprême en faisant le procès de tous mes actes et qui se croyait tout permis. Je l'ai congédiée.»
Myriam, 26 ans

«Oui, quand des gens qui se disent des amis foutent le bordel dans ma vie, je m'en vais.»
Virginie, 22 ans

«Pas vraiment, ça s'est fait naturellement.»
Solange, 32 ans

«Oui. Parce que mon nouveau conjoint ne lui plaisait pas, elle m'a planté là.»

Marianne, 44 ans

«Oui, dernièrement, parce qu'elle était profiteuse et menteuse.»

Anne, 31 ans

«J'ai éliminé la vache qui couchait avec mon chum. Peu importe ce qu'elle aurait pu faire pour s'excuser, elle avait perdu toute ma confiance.»

Fanny, 27 ans

LA FAMILLE

Plus que toute autre relation, celle que nous entretenons avec notre famille est de loin la plus importante. Peu importe ce qui nous arrive dans la vie, ce que nous devenons, la famille reste toujours la famille. C'est notre premier nid. La plupart d'entre nous y trouvent du confort et du réconfort.

L'amour de notre famille est imperturbable. Nous réfugier chez nos parents lorsque notre vie tourne au drame nous permet de faire le point, dans un endroit où nous sommes toujours les bienvenues. Parler à nos parents, à nos frères, à nos sœurs, entretenir avec eux des relations vraies et honnêtes, tout cela nous permet de garder un équilibre, quelque chose de solide à quoi nous raccrocher quand nous en avons besoin.

Quand notre relation avec notre mère est cahoteuse, nous devons nous souvenir d'une chose: notre mère, ce n'est pas nous et nous ne sommes pas notre mère. Surtout, nous ne sommes plus des enfants. Peu importe ce qu'elle peut nous dire, nous faisons nos choix, nous sommes responsables de notre vie. Notre mère n'est pas responsable de la relation que nous avons avec les hommes. Nous gardons de nos parents ce que nous voulons bien garder d'eux; ils ne prennent pas les décisions à notre place, nous avons la responsabilité de choisir ce que nous faisons de notre vie. Nous décidons de l'emprise que nos parents ont sur nous, c'est nous-mêmes qui leur donnons ce pouvoir.

Notre mère, notre père, nos frères, nos sœurs, ne changeront pas; c'est nous qui devons changer la perception que nous avons d'eux, de tout ce qu'ils nous disent. Si nous trouvons notre bonheur, que nous changeons notre attitude par rapport à notre famille, il y a de fortes chances que nos relations familiales s'améliorent.

Tout comme les amis, la famille est un élément essentiel à toute Happy Girl. Garder le contact en démontrant nos sentiments par de petites attentions sera grandement apprécié et contribuera à garder l'harmonie familiale, à maintenir la famille près de nous. Et si les amis vous rendent dix fois vos petites attentions, votre famille vous les rendra au centuple.

La famille, c'est le dernier rempart; c'est la base même de notre vie. Peu importe la distance physique qui nous sépare d'elle, il est essentiel de la garder toujours près de nous, présente dans notre cœur.

Voici quelques bonnes raisons pour voir sa famille souvent et lui accorder toute l'attention et l'amour qu'elle mérite:

— La famille ne juge pas nos actes... ou si peu;

— Rien ne vaut les solutions pratiques et pleines de bon sens des parents quand on a un problème;

— La soupe, la sauce à spaghetti, le ragoût ou les tartes d'une mère apaisent tous les tourments;

- La famille est toujours heureuse de nous voir;

- Faire plaisir à sa famille coûte souvent moins cher que faire plaisir à ses amis.

- La famille est toujours fière de ce que nous faisons; elle est la première à nous féliciter de nos réussites, et si elle ne nous le dit pas directement, elle sait vanter nos mérites en notre absence;

- Rien ne vaut le sourire d'une mère ou d'un père quand ça va moins bien;

- Un frère ou une sœur nous comprend mieux que quiconque, simplement parce qu'ils ont grandi avec nous, en même temps que nous;

- Voir les membres de notre famille plus souvent nous donne l'occasion de leur dire que nous les aimons.

N'oublions jamais que le désir le plus cher de nos parents est que nous soyons heureuses, alors soyons-le en respectant nos propres désirs, pas les leurs.

LES CONFLITS ET LA COLÈRE

Lorsque nous avons des problèmes, l'importance que nous leur donnons ne dépend que de nous. Si nous haïssons, si nous sommes en colère, si nous éprouvons de la rancune ou du ressentiment pour quelqu'un ou en rapport avec une situation, il ne reste plus de place pour le bonheur. Nous enterrons alors notre Happy Girl sous une tonne de mauvais sentiments et elle ne peut plus respirer. Les émotions négatives nous figent, nous paralysent, nous emprisonnent. Ces émotions nous suivent ensuite dans tous les aspects de notre vie, ça joue sur ce que nous faisons et sur ce que nous avons à offrir.

La colère altère notre vision de la réalité, et les mauvais jugements qui en découlent peuvent nous pousser à faire des gestes non appropriés. La colère n'amène rien de bon. Si nous devons nous fâcher pour faire valoir votre point de vue, soit, mais ne laissons pas cette colère nous ronger par la suite. Une fois la colère évacuée, arrangeons-nous pour qu'elle reste dehors.

Les filles, qu'est-ce qui vous met en colère?

«Les gens incompétents, les gens pas vites, les gens méchants et les narcissiques.»
Miss Lili, 29 ans

«L'ignorance, le manque de savoir-vivre et les plaignards.»
Laurence, 35 ans

«La misogynie et l'abus de pouvoir.»
Lucie, 30 ans

«Les gens qui ne tiennent pas parole, les gens qui se complaisent dans leur malheur, les hypocrites, les égocentriques et tous les appareils et objets qui ne fonctionnent pas quand c'est le temps. Mais ce qui m'enrage le plus, ce sont les gens qui croient tout savoir et qui pensent qu'il y a seulement leur façon de faire qui est correcte et leur façon de penser qui est la bonne.»
Sophie, 30 ans

«Le mensonge et la malhonnêteté.»
Léa, 29 ans

113

«*L'injustice, sous toutes ses formes.*»
    Agathe, 32 ans, et Anne, 31 ans

«*La bêtise humaine et le manque de gros bon sens.*»
    Myriam, 26 ans

«*Les hommes, leur façon de penser et d'agir.*»
    Virginie, 22 ans

«*Quand on m'accuse à tort et à travers.*»
    Fanny, 27 ans

«*Les gens qui me rabaissent, qui ne me respectent pas. Je déteste les gens sales et les dictateurs.*»
    Marianne, 44 ans

«*Les manipulateurs, les abuseurs, les gens qui n'agissent que pour leur seul intérêt personnel. Les gens condescendants pour qui le statut social est plus important que tout le reste.*»
    Solange, 32 ans

Devant une difficulté, il n'y a qu'une solution: agir. Seulement *se préoccuper* du problème ne le réglera pas et n'améliorera pas la situation. Il faut *s'en occuper.* Pendant que nous nous préoccupons ainsi, nous ne cherchons pas de solution, nous n'agissons pas pour le régler, nous ne faisons que nous concentrer sur le problème et ses conséquences.

La résolution d'un problème passe avant tout par sa définition. Plus le problème sera défini, plus les solutions seront claires. En regardant une situation sous différents angles, on peut agir plus efficacement. La rage et la colère que nous portons en nous-mêmes dans une situation difficile nous empêchent de voir objectivement ce qu'est réellement le problème.

Quand nous rageons contre quelqu'un ou quelque chose, nous ne faisons que penser, nous n'agissons pas, et rien de ce que nous pensons ne changera la situation. Les pensées négatives n'ont aucun pouvoir pour la résolution de problèmes ou de conflits. Si s'angoisser concernant un problème ne permet pas de le régler, alors toute cette angoisse est bien inutile! Ce que nous ne pouvons pas contrôler ne doit pas occuper toutes nos pensées, puisque nous ne pourrons rien y changer. Garder la souffrance d'une blessure bien après qu'elle est passée est la pire chose à faire.

Les filles, en voulez-vous ou en avez-vous voulu à quelqu'un?

«Non. C'est de l'énergie perdue. Il faut savoir la réinvestir ailleurs et il faut pardonner quand c'est possible.»
Léa, 29 ans

«Oui, j'en veux terriblement à mon ancien copain. Il m'a menti, il m'a trahie, il m'a traitée comme de la merde pendant deux ans. J'imagine que cette colère partira un jour, mais pour l'instant, elle est plus présente que jamais.»
Miss Lili, 29 ans

«Je suis très tolérante et compréhensive, mais si on me fait du mal volontairement, je n'ai aucun pardon. Le prof de ma fille qui voit sa détermination comme de l'arrogance m'enrage! Les gens stupides qui ont besoin de caler les autres parce qu'ils sont mal dans leur peau, je les hais à vie!»
Laurence, 35 ans

«J'en veux à mon ex d'agir comme une victime alors qu'il est en vérité un agresseur. Et j'en veux à tous les "haïsseurs de femmes" de ternir le genre masculin.»

Lucie, 30 ans

«Je préfère remettre les gens qui me font du mal à leur place avant de les rayer de ma vie définitivement et de les oublier. Mais j'en veux à ceux qui font du mal aux gens que j'aime. Pour ceux-là, je n'ai aucune pitié et pas le pardon facile.»

Sophie, 30 ans

«Non, j'ai réglé mes problèmes. J'ai déjà été en beau calvaire contre mon père parce qu'il ne voulait pas me prêter de l'argent pour rembourser mes dettes. Il voulait me donner une leçon, alors que par le passé, il en avait largement donné à mes sœurs.»

Agathe, 32 ans

«Oui, j'en veux à mon ex, parce que c'est mon ex et qu'il agit comme un con! Il m'énerve!»

Myriam, 26 ans

«Oui, quand je me chicane, j'en veux à la personne sur le moment, mais ça ne dure jamais longtemps.»

Solange, 32 ans

«Oui, parce que j'avais des attentes auprès de quelqu'un et il ne les a pas devinées. Mais je vois les choses différemment aujourd'hui.»

Marianne, 44 ans

Si un problème nous préoccupe, il est légitime de le faire savoir, en gardant en tête que ce problème reste le nôtre et que personne ne pourra le régler à notre place. Si nous jouons les victimes, que nous

116

nous apitoyons sur notre sort, nous risquons seulement d'exaspérer notre entourage et d'éloigner les gens de nous. Nous ne devons pas rester inertes devant les difficultés, et être des victimes de ce qui nous arrive, c'est de l'inertie. Les problèmes que nous avons nous appartiennent, comme les solutions.

Même si ce qui nous arrive est injuste, ça reste une situation dont nous devons nous occuper. Si le problème ne peut pas se régler tout de suite, nous nous devons d'avancer quand même, nous ne pouvons pas rester là. Les solutions ne viennent pas d'elles-mêmes, et plus on s'ancre dans le problème, plus on s'y engouffre, plus les solutions s'éloignent. Nous devons donc nous résoudre à passer du temps à assumer et à régler nos problèmes plutôt que de nous contenter d'y penser.

Nous devons nous donner le droit de voir la vérité, de voir les choses telles qu'elles sont dans la réalité et non pas comme nous les percevons. Le fait de nous mentir nous donne une fausse image de nous-mêmes et de notre situation, et c'est cette fausse image que nous transmettons aux autres.

Nous ne pouvons pas nous contenter d'une perception partielle de la réalité, nous devons la regarder en entier. Ce que nous décidons de ne pas regarder est peut-être ce qui pourrait nous être le plus utile. Il ne faut pas voir la vie à travers le filtre que nous avons créé pour survivre. Être à l'affût de la réalité nous permet de déceler les signes de danger, de vivre pleinement notre vie et d'éviter les comportements qui vont à l'encontre de notre bonheur.

Tout n'a pas l'importance qu'on lui donne. Lors de conflits, il est parfois préférable de ne rien dire plutôt que d'envenimer les choses. Donner son point de vue en utilisant le «je» et en parlant de ses émotions, de ses sentiments, est plus efficace que d'accuser l'autre et de vouloir avoir raison à tout prix. Laissons notre orgueil de côté. Admettre que l'on a tort, se remettre en question, interroger ses propres certitudes, c'est un grand pas vers la résolution de conflits. Nous n'avons pas toujours raison, alors demandons-nous, avant de tomber dans la face de quelqu'un, si ce que nous voulons lui dire nous aide et l'aide, si c'est utile ou si ça va faire du mal uniquement.

117

Il ne faut pas sous-estimer le pouvoir du pardon. Personne n'est là pour juger ou punir et il n'est pas nécessaire d'avoir l'accord de l'autre pour pardonner. L'autre n'a pas à admettre ses erreurs, à être désolé; le pardon, vous vous l'accordez à vous, pas à l'autre. Pardonner nous libère de la souffrance qui nous a été causée. Si nous ne pardonnons pas, les émotions négatives et le ressentiment envahiront notre quotidien, et c'est nous qui en souffrirons, pas la personne qui nous a fait souffrir.

Écrivons une lettre à chaque personne qui nous a fait souffrir, vidons-nous le cœur, puis pardonnons-lui. Nous n'avons pas à envoyer la lettre, c'est pour nous que nous l'écrivons, pas pour l'autre. Cet exercice peut avoir l'air simpliste, mais c'est étonnant à quel point il peut être libérateur.

Les filles, le pardon le plus difficile à accorder dans votre vie

«Pardonner les aventures extraconjugales de mon super mari! Je pensais vraiment y arriver mais je me considère trop pour cela.»
  Laurence, 35 ans

«Me pardonner à moi-même pour le choix du père de mon enfant.»
  Lucie, 30 ans

«À ma sœur, pour avoir laissé son conjoint détruire l'harmonie qui régnait dans notre famille et pour l'avoir appuyée en répandant des mensonges sur certaines personnes.»
  Léa, 29 ans

«Pardonner à une fille qui a fait vivre, à un ami et à moi, une année infernale. Elle était malade dans sa tête et nous en a fait voir de toutes

les couleurs. Je crois que j'ai pardonné, mais je suis certaine que je n'ai pas oublié.»
   Sophie, 30 ans

«J'ai pardonné à quelqu'un de m'avoir frappée. C'était contre mes principes, mais quand on aime, on pardonne n'importe quoi.»
   Agathe, 32 ans

«Celui qui a causé, intentionnellement, le terrible accident de voiture dont j'ai été victime à 17 ans.»
   Myriam, 26 ans

«À ma cousine, qui avait accusé mon père d'attouchements sexuels. Elle a avoué ensuite qu'elle avait tout inventé pour attirer l'attention. Je ne lui pardonnerai jamais vraiment tout à fait.»
   Solange, 32 ans

«À ma mère, pour tout.»
   Marianne, 44 ans

«Je pardonne plutôt difficilement. Je suis plutôt rancunière.»
   Anne, 31 ans

PETITES ATTENTIONS D'UNE HAPPY GIRL AUX AMIS ET AUX PROCHES

— Les écouter, les laisser parler d'eux sans dire un mot;

— Changer le message de notre répondeur régulièrement. Inventer une histoire à suivre, chanter, donner un truc pratique ou la bonne nouvelle de la semaine, quelque chose de son cru. Il est fort probable que les amis et les proches appelleront plus souvent;

– Faire du bénévolat pour la famille, les amis; leur donner du temps, de l'attention, de l'aide, un répit. L'avantage, c'est que l'on choisit ce que l'on veut faire et, surtout, pour qui on va le faire;

– Laisser un petit mot dans la boîte aux lettres ou au répondeur pour dire à des proches qu'on est contente de les connaître et d'être leur amie, leur mentionner qu'on les aime et que l'on pense à eux;

– Cuisiner un repas complet et l'apporter à une amie qui est seule;

– Rendre service à un proche tous les jours;

– Déjeuner une fois par semaine avec les copines, et faire de ce rendez-vous quelque chose de sacré;

– Organiser, une fois par mois, un petit *pyjama party* avec deux ou trois copines, histoire de se prouver qu'on est encore jeune;

– Débarquer chez un ami avec quelques fromages et une bonne bouteille de vin, juste pour le plaisir de passer un moment avec lui;

– Fabriquer un petit cadeau, écrire un poème, une chanson ou un petit hommage qu'on offrira à leur anniversaire.

Avec vos copines, vos sœurs et, pourquoi pas, avec votre mère:

– Organiser une journée de filles une fois par mois. On réunit quelques girls, de la cire épilatoire, tout pour le soin des ongles, des masques à l'argile, des crèmes, des teintures pour les cheveux, quelques bouteilles de vin, du pain, du fromage, quelques pâtés et on se fait une beauté en rassasiant sa gourmandise! Non seulement c'est amusant, mais ça fait faire des économies à tout le monde en frais d'esthétique et de coiffure et, surtout, ça remonte le moral;

– Organiser, une fois dans l'année, une démonstration d'accessoires érotiques. Faire venir une vendeuse professionnelle à la

maison et inviter les filles de l'entourage. Plaisir et rire assurés!
Et en profiter pour s'acheter quelque chose qui fait vraiment
plaisir;

— Concocter de temps en temps une soirée cinéma maison avec
quelques copines. On va chez la copine qui a le salon le plus confortable et la plus grosse télé et on loue quelques films mettant en
vedette un acteur sexy qui fait l'unanimité dans le groupe. Et on
se laisse aller dans ses fantasmes! Mais une soirée comme celle-là
n'est pas complète sans pop-corn, croustilles, crème glacée,
friandises, bière, vin, tout ce qui est bon à déguster, parce que
tout le monde sait qu'écouter des films avec des copines, ça
creuse l'appétit et ça donne soif. Le thème des films peut aussi
varier selon les envies: envie d'horreur, d'action, d'amour... Vous
pouvez louer de vieux films en noir et blanc, des comédies
débiles, des films pornos, etc. Seuls votre imagination et le choix
offert au club vidéo peuvent vous arrêter...

Les filles, que faites-vous pour faire plaisir à vos amis, à vos proches?

«*Je téléphone régulièrement pour prendre des nouvelles. Et j'organise
de petites soirées, je prépare des canapés, des cocktails colorés et
j'essaie de faire en sorte que personne ne s'ennuie, ne manque de rien et
que tout le monde passe un excellent moment.*»
Sophie, 30 ans

«*Je débarque avec quelque chose à manger, quelque chose à boire,
chez une amie, juste pour placoter avec elle, sans raison, juste parce
que j'en ai envie.*»
Solange, 32 ans

«Je dis des petits mots gentils, j'appelle pour prendre des nouvelles, je donne une tape dans le dos, etc.»
    Virginie, 22 ans

«Je leur rends service quand c'est possible et je passe du temps en leur compagnie.»
    Miss Lili, 29 ans

«Je les reçois à souper. Je paie pour tout et je m'occupe de tout.»
    Agathe, 32 ans

«Je les écoute.»
    Laurence, 35 ans

«Je fais mon possible, et ça marche.»
    Myriam, 26 ans

«Je suis présente et je rends service aussi souvent que je le peux.»
    Anne, 31 ans

«Je m'intéresse à eux et j'essaie de passer du temps avec eux à faire des choses qu'ils aiment.»
    Léa, 29 ans

POUR UNE AMIE EN PEINE

Lorsqu'une amie vit une peine d'amour, une déception quelconque, un échec professionnel, on débarque chez elle le plus vite possible. Dans ces moments-là, on a besoin de ses amies, et vite. Mais on n'arrive pas les mains vides, on arrive avec la trousse de secours Happy Girl sous le bras. Cette trousse comprend du chocolat, des mouchoirs, quelques bouteilles de vin, toute son écoute et son empathie, et beaucoup de temps à accorder. Laissez votre côté moralisateur et vos sermons à la maison. Amenez plutôt quelques conseils bien placés, des suggestions d'ordre général et plusieurs bonnes blagues.

Le plus important quand votre amie vit une peine, c'est de la laisser parler. Mettez donc vos problèmes et vos petits bobos de côté, ça n'aidera pas votre amie si vous lui confiez vos propres ennuis à ce moment-là. Il n'y a rien de pire qu'une amie qui ramène tout à elle chaque fois qu'on lui dit quelque chose, surtout quand on ne va pas bien.

Bref, soyez à l'écoute, soyez présente, disponible, généreuse. Votre amie saura bien vous le rendre si vous vous retrouvez dans la même situation. Et si elle ne vous le rend pas, soit! Vous ne prenez pas soin de vos amies en espérant qu'elles vous le rendent, vous le faites parce que vous voulez bien le faire.

L'essentiel, c'est de nous rappeler que ce que nous faisons ne nous est pas toujours rendu par la personne pour qui nous l'avons fait, mais ça nous revient toujours, d'une façon ou d'une autre. L'important, c'est de donner.

LA FEMME IDÉALE

L a femme idéale n'existe pas. Il n'y a que la femme exceptionnelle qui existe, et cette femme, c'est vous!

La femme idéale, pour les hommes, c'est relatif. Tous les goûts sont dans la nature. Ce qui plaira à l'un ne plaira pas à l'autre. Même si on atteint un niveau près de la perfection, on ne sera jamais la femme idéale de la planète au complet. Les hommes tombent amoureux de femmes qui les surprennent, qu'ils trouvent exceptionnelles, qu'ils admirent, qu'ils trouvent différentes, spéciales, uniques. Pour être tout ça, vous ne devez pas avoir le corps de Claudia Scheiffer ou le Q.I. de Marie Curie; vous n'avez qu'à être vous-même. Vous êtes exceptionnelle, vous êtes spéciale, unique, admirable et vous avez tout ce qu'il faut pour surprendre l'homme de vos rêves. Le secret, c'est d'en être convaincue.

Si vous êtes convaincue que vous êtes la femme idéale, croyez-moi, l'homme de vos rêves ne sera pas difficile à convaincre. C'est un homme, après tout! Vous devez le lui démontrer, le lui dire, le faire craquer; vous devez être confiante, heureuse et tellement bien avec vous-même que le mec n'aura qu'une seule envie: être avec vous. Le bonheur attire les hommes, la confiance les fait succomber et le bien-être leur donne envie d'aimer. Vous pouvez avoir ce que vous voulez et qui vous voulez. N'oubliez jamais que ce que femme veut, Dieu le veut, et ce que femme heureuse veut, elle l'obtient.

Les gars, la femme idéale?

«*Intelligente, belle apparence, fonceuse, sens de l'humour...*»
Martin, 28 ans

«*Intelligente, belle, cochonne quand c'est le temps, sens de l'humour.*»
Bill, 33 ans

«*Hummmm... la femme idéale serait un mélange d'humour, d'intelligence, le tout enrobé d'une belle personnalité. Et, bien sûr, elle doit me faire craquer physiquement.*»
Daniel, 31 ans

«*Douce, drôle, pas nécessairement belle, mais elle doit avoir du charme. Les attraits physiques qui me font fondre: un sourire, un regard, de gros seins...*»
Paul, 25 ans

«*Belle, avec beaucoup d'humour et pas trop conne, si possible.*»
Didier, 26 ans

«*Jolie, coquine, souriante, sûre d'elle, stable et aventureuse.*»
Marcel, 33 ans

«*Qui attire mon regard, qui est mince et, surtout, qui a des opinions!*»
Antoine, 27 ans

«*Agréable, avec qui je puisse discuter et rire.*»
Damien, 27 ans

«*Qui a une belle personnalité, une belle apparence et un beau sourire. Gentille, positive, qui aime les enfants et les choses simples. Une fille réservée, mais qui est une bonne partenaire sexuelle! Autonome tout en ayant besoin de moi. Indépendante financièrement, mais qui accepte de se faire gâter. Qui aime la vie et qui n'a pas peur d'être aimée.*»
Samuel, 32 ans

L'AMOUR

I l faut «prendre une chance» avec l'amour. On ne peut pas courir le risque de passer à côté de l'amour de sa vie juste parce qu'on a peur. Il n'y a pas de garantie dans ce domaine-là: on ne peut savoir d'avance si ça va marcher ou pas, on le saura seulement si on essaie.

Quand on craque pour quelqu'un, il faut l'assumer, le dire, le lui dire, et ne pas s'en sentir gênée. Il ne se passera rien de ce que vous espérez si vous vous taisez. Et si ce n'est pas réciproque, soit! Ça fait mal mais au moins vous saurez à quoi vous en tenir.

Ne jouons pas les dures quand nous avons mal, jouons plutôt sur la transparence. Si nous nous sentons vulnérables, le démontrer ne nous enlève rien. Ce n'est pas péché, c'est humain, et les hommes aiment bien ça. Ça leur donne l'impression qu'ils sont plus forts que nous, même si nous, nous savons que c'est juste une impression!

Lorsque nous nous sentons amoureuses, demandons-nous si notre amour est sain, véritable. Questionnons-nous sur nos intentions, sur ce qui nous motive à aimer cette personne, si elle nous convient et si nous lui convenons.

Les gars, qu'est-ce qu'une femme doit avoir pour que vous en tombiez amoureux?

«Il faut qu'elle puisse me surprendre tout le temps. C'est pas compliqué de me surprendre, je suis un gars, après tout!»
Paul, 25 ans

«Un je-ne-sais-quoi, je ne crois pas que je puisse le décrire.»
Antoine, 27 ans

«Je dois sentir qu'elle veut m'appuyer dans mes projets.»
Martin, 28 ans

«Intelligence, sens de l'humour, beauté, curiosité.»
Bill, 33 ans

«Bonne question! Si j'avais la réponse, je ne serais pas célibataire.»
Daniel, 31 ans

«Rien de particulier, qu'elle soit elle-même.»
Damien, 27 ans

«Il faut qu'elle ait du charme, qu'elle me fasse rire.»
Marcel, 33 ans

«Tomber amoureux est quelque chose qui arrive sans qu'on s'y attende!»
Samuel, 32 ans

Il ne faut jamais perdre de vue que, lorsque vous aimez, c'est certes pour vous faire du bien, mais c'est aussi pour faire du bien à l'autre. Si vous donnez tout et que vous ne recevez rien en retour, ou si c'est l'inverse, mettez un terme à cette relation. Mieux vaut être seule et heureuse que malheureuse avec quelqu'un.

Si vous êtes avec un homme parce que vous craignez d'être seule, non seulement vous vous trompez vous-même, mais vous trompez la personne avec qui vous êtes. S'il n'y a pas d'amour et que la relation ne sert qu'à combler un vide, faites quelque chose pour vous, pour remplir ce manque autrement mais par vous-même. L'amour ne vient pas seulement d'un conjoint, l'amour est partout, dans la famille et auprès des amis, par exemple. Les hommes ne sont pas essentiels à notre vie. Ils ne sont pas essentiels à notre bonheur, ils y contribuent, mais ils n'en sont pas responsables. Une Happy Girl seule est aussi heureuse qu'une Happy Girl qui a un conjoint.

Nous ne devons pas nous acharner à aimer un homme qui ne nous aime pas, qui ne nous respecte pas ou qui nous fait du mal. Nous ne pouvons pas ordonner à un homme de nous aimer, s'il ne s'aime pas assez lui-même ou s'il «s'aime trop» pour aimer quelqu'un d'autre. L'amour se conjugue bien mal à l'impératif! Et puis, la peur de l'engagement est plus que jamais la raison que bien des gars nous donnent quand ils ne nous aiment pas. C'est l'excuse passe-partout qu'ils ont trouvée pour s'échapper.

Les gars, avez-vous peur de vous engager?

«Ça dépend jusqu'à quel point. Genre avoir des enfants, oui.»
Bill, 33 ans

«Ça dépend, mais disons que j'ai plus peur de m'investir dans une relation et de me rendre compte que je perds mon temps. Aujourd'hui, les relations amoureuses c'est comme le fast-food: on rencontre, on goûte et si c'est pas comme on voulait, c'est pas grave, demain, on va prendre autre chose.»
Daniel, 31 ans

«Non, mais je ne le ferai pas avant un méchant bout, étant donné que je sors d'une relation de quatre ans. La fille avec laquelle je vivais, était tout pour moi, et j'étais prêt à me marier avec elle. Donc, maintenant, je pense que je vais profiter un peu de ma vie de célibataire. Mais si ça arrive, que je me sens prêt à m'engager de nouveau, je le ferai.»

Paul, 25 ans

«Oui, ça me fait peur.»
Didier, 26 ans

«Pas peur, mais j'ai sans doute un peu d'appréhension.»
Damien, 27 ans

«Non, mais faut pas me presser.»
Marcel, 33 ans

«Non. Du moins, je ne crois pas.»
Antoine, 27 ans

«M'engager avec une fille me fait peur, la plupart du temps. Je me pose alors beaucoup de questions. Mais la peur se dissipe au fur et à mesure que la confiance s'installe dans le couple. Qui ne risque rien n'a rien.»

Samuel, 32 ans

Si vous êtes de celles qui craquent, qui meurent d'amour pour le premier venu, posez-vous les questions suivantes: «Est-ce que je tombe en amour avec lui ou avec l'idée d'être en amour? Si c'était un autre, est-ce que ce serait pareil?» Conditionnez-vous à ne pas tomber amoureuse du premier venu. Vous n'êtes pas Meg Ryan dans tous ses films. Votre cœur est précieux, ne le donnez pas à n'importe qui.

Les couples qui fonctionnent ont une relation qui est basée sur la confiance, le respect et l'amour de l'autre, inconditionnellement. L'attirance physique et la passion ne sont pas des facteurs sur lesquels baser une relation; ils ont certainement de l'importance, mais ils ne peuvent pas être le ciment d'un couple. Si un homme et une femme qui s'aiment se considèrent comme égaux l'un face à l'autre, qu'ils prennent l'engagement de garder la paix et de rétablir la confiance chaque fois qu'il y a un problème, une chicane, ils forment un couple heureux. Se dire les choses au fur et à mesure qu'on les vit, qu'on les ressent, ne pas essayer de changer l'autre mais plutôt l'accepter et le respecter tel qu'il est et lui faire confiance sont certainement des clichés, mais ce sont néanmoins les clés pour une vie heureuse à deux.

Les conjoints d'un couple heureux doivent être plus que des conjoints, ils doivent être des confidents, des amis, des amants, des partenaires, des complices. Qu'ils aient des tas de choses en commun importe peu, tant que le respect est là.

Nous ne devons pas nous sentir responsables ou dépendants de l'autre; si nous devons nous épauler dans les moments plus difficiles, nous ne pouvons pas prendre les problèmes de l'autre sur nos épaules. De même, nous ne pouvons pas rendre notre conjoint heureux s'il ne l'est pas au départ. Nous pouvons seulement contribuer à son bonheur, et c'est déjà beaucoup! L'inverse est aussi vrai, un homme ne nous rendra jamais heureuses si nous ne le sommes pas tout d'abord.

Dans un couple, il faut être là, appuyer, soutenir, mais on ne peut pas faire les choses à la place de l'autre. Et si on décide de les faire, il ne faut rien attendre en retour, même pas de la reconnaissance. C'est pas parce qu'on fait toute seule le ménage de la maison ou que l'on est seule à se battre pour respecter le budget que l'on doit attendre de son conjoint des remerciements ou un remboursement. Si vous décidez de faire quelque chose, vous le faites, c'est tout. Si vous vous sentez incomprise, que vous trouvez votre conjoint ingrat, sans cœur, dites-le-lui, et dites-lui surtout pourquoi vous vous sentez incomprise. Votre conjoint ne peut pas deviner, il n'est pas fait comme vous, il ne pense pas comme vous et il n'accorde sûrement pas la même importance aux mêmes choses que vous.

Respectez ses différences, sa façon de voir les choses; parlez-lui et laissez-le s'exprimer. Si vous dites à votre conjoint les choses comme vous les vivez, que vous essayez de l'écouter et de le comprendre, de se mettre à sa place, il y a de bonnes chances que vous voyiez que vous êtes responsable de la situation, au moins en partie. À partir de là, vous pourrez, vous et votre conjoint, trouver une solution pour remédier à la situation. Tant qu'il y a de l'amour, tout est possible. Il s'agit d'y mettre du sien, et de laisser son conjoint y mettre du sien aussi. Nous n'avons pas réponse à tout.

Les gars, que pensez-vous des femmes jalouses, possessives, qui veulent tout contrôler?

«Je crois qu'elles sont plus à risques d'être infidèles.»
   Antoine, 27 ans

«À fuir, bien sûr.»
   Bill, 33 ans

«Pas bon, ça. J'ai déjà été comme ça par manque de confiance en moi et je n'étais pas heureux là-dedans.»
   Martin, 28 ans

«Jalouse, j'aime ça. Ça prouve qu'elle tient à moi. Possessive, ça m'emmerde un peu, je tiens à garder ma liberté. Qui veut tout contrôler, je déteste, je gère seul ma vie.»
   Didier, 26 ans

«J'ai passé quatre ans avec une femme qui était comme ça. C'est étouffant. On ne se sent plus vivre. J'ai besoin d'avoir ma bulle à moi, comme je laisserai toujours à ma partenaire sa bulle à elle.»
   Paul, 25 ans

«Non! Quoique une touche de tout ça peut rendre le tout vraiment unique, mais une touche, sans plus.»
    Daniel, 31 ans

«La jalousie, c'est pas mauvais. Le reste ruine une relation.»
    Damien, 27 ans

«C'est pénible, débandant, agressant et étouffant. Je me sens pris au piège.»
    Marcel, 33 ans

«Être jaloux à la limite, c'est normal, possessif, un tout petit peu aussi, mais contrôlant, jamais! Je suis libre de faire ce dont j'ai envie en gardant à l'idée que je suis en couple. L'idéal est de faire un compromis équitable entre le couple et l'individu.»
    Samuel, 32 ans

Les filles, votre plus grande peine d'amour

«C'était il y a longtemps, mais je m'en rappelle comme si c'était hier. Je l'aimais comme une folle, mais il m'a quittée après quelques semaines en me disant qu'il m'aimait comme sa sœur, que quand il couchait avec moi, il avait l'impression de coucher avec son meilleur ami. J'ai changé de ville pour ne plus le revoir. Ça m'arrive d'y penser encore aujourd'hui.»
    Sophie, 30 ans

«La plus grande, c'est la première. Après, on s'habitue. J'avais 11 ans et on avait passé l'été dans un terrain de camping. Je m'étais fait quelques chums, un après l'autre, pour finir avec celui qui m'intéressait le plus. Mais la saison était finie et on est retourné à la maison, chacun de son côté. Je savais que je ne le reverrais plus jamais. J'en ai pleuré un coup, tous les soirs dans ma chambre en m'endormant.»

Laurence, 35 ans

«Ma dernière relation. C'est tout nouveau et je suis encore très fragile. J'ai vécu un petit calvaire et j'ai beaucoup d'amertume face à mon ex.»

Miss Lili, 29 ans

«Ma première peine d'amour avec mon premier grand amour, ce fut difficile. C'était le premier gars avec qui je faisais l'amour. On avait une super belle relation. Un beau souvenir.»

Solange, 32 ans

«Maintenant. Être seule me rend contente la plupart du temps, mais parfois, ça fait terriblement mal.»

Virginie, 22 ans

«Quand ma première blonde a rompu. Premier amour gai en plus, ça fesse!»

Agathe, 32 ans

«Elles ont toutes été très douloureuses...»

Anne, 31 ans

«Quand j'ai quitté mon chum parce qu'il couchait avec ma meilleure amie. Elle était double, cette peine-là.»

Fanny, 27 ans

«Quand mon mari, le père de mes enfants, est décédé.»

Marianne, 44 ans

«Bof, jamais vraiment eu de grosse peine d'amour, sauf quand mon père est mort.»

Léa, 29 ans

LE CÉLIBAT

Le célibat est une période merveilleuse. Même si cela peut vous paraître insupportable et que le but est d'en sortir un jour, le célibat est une période dont on doit profiter. Toutes les femmes en couple vous le diront.

Si vous ne supportez pas le célibat, que vous passez d'un chum à un autre, posez-vous de sérieuses questions, car ce n'est pas normal. On doit d'abord être bien avec soi-même pour l'être avec quelqu'un d'autre. Un célibat heureux est un préalable à une relation amoureuse saine.

Le célibat nous donne toute la latitude dans nos mouvements, nos décisions et nos envies. Et le plus beau, quand on est célibataire, c'est que tout est possible... Rêver au grand amour est presque aussi plaisant que de le vivre. Je dis bien presque.

Et qui dit célibat ne dit pas abstinence. Le meilleur ami de la célibataire après son chat ou son chien, c'est son amant ou ses amants, c'est selon.

40 BONNES RAISONS D'ÊTRE CÉLIBATAIRE ET HEUREUSE DE L'ÊTRE

1. On peut parler toute seule sans gêne;

2. On peut manger des biscuits dans son lit;

3. On ne se ruine pas en épilation;

4. On peut grossir si on le veut;

5. On peut écouter la télévision tranquille sans jamais avoir à se taper une partie de hockey ou un match de boxe;

6. On n'est pas obligée de prendre sa douche tous les jours et de sentir l'eau de rose 24 heures sur 24 heures;

7. On peut ressortir les jeans sales du panier à linge si on n'a plus rien de propre à se mettre sur le dos;

8. On peut dormir en étoile dans le lit;

9. On peut boire à même le pot de jus;

10. On peut manger du pop-corn et du chocolat pour souper sans que personne le sache;

11. On peut oublier une pilule contraceptive sans craindre de tomber enceinte;

12. On n'use pas sa lingerie;

13. On peut laisser traîner un soutien-gorge sur la table de la cuisine;

14. On peut porter une petite culotte de coton dont les élastiques sont brisés sans risquer de se faire remarquer;

15. On peut cesser de mettre des soutiens-gorges;

16. On peut collectionner les amants;

17. On n'est jamais cocue;

18. On peut roter, péter et jurer sans gêne;

19. On peut avoir tous les chats ou les chiens qu'on veut sans se soucier des allergies de personne;

20. On peut écouter ses disques de Dalida et de Joe Dassin en paix;

21. On peut librement flirter avec le livreur de pizza;

22. On peut faire livrer autant de pizza que l'on veut dans une journée;

23. Le siège de la toilette est toujours baissé;

24. On peut aller aux toilettes et laisser la porte ouverte;

25. On peut sortir tous les soirs sans aucun remords;

26. On peut découcher de la maison sans avoir à rendre de compte;

27. On mange de la salade pas pour garder la ligne, mais parce qu'on aime ça;

28. On peut vider le réservoir d'eau chaude quand on prend son bain;

29. On peut être en mode séduction aussi souvent qu'on le veut;

30. On n'a pas à subir les passe-temps débiles d'un conjoint;

31. Ça coûte moins cher de cadeaux;

32. On peut passer quatre heures dans la salle de bain sans être dérangée;

33. On a le droit d'être de mauvaise humeur tout le temps;

34. On peut vivre son SPM librement;

35. On peut écouter des films d'amour sans avoir à négocier avec personne;

36. On peut avoir mauvaise haleine sans culpabilité;

37. Ce n'est pas grave s'il n'y a pas de bière dans le frigo;

38. On peut être saoule et se sentir digne en même temps;

39. On peut avoir le calendrier des Chippendales dans sa cuisine;

40. On peut tomber amoureuse.

Les filles, le célibat...

«Je vis mon célibat difficilement, parce que je ne l'ai pas choisi. Je rencontre souvent des hommes dont je peux tomber amoureuse. Ça ne veut pas dire que je les aime, seulement, si un de ces gars voulait une relation stable avec moi, j'embarquerais sans hésiter. Je ne crois pas qu'on soit célibataire par choix; en tous cas, dans mon cas, le célibat n'est pas un choix. C'est plate, mais on s'habitue. Ça ne me rend pas malheureuse, je suis juste ben écœurée! Heureusement, j'ai un amant, ça comble des besoins essentiels.»
Sophie, 30 ans

«Jamais été longtemps célibataire, mais j'ai vécu cette période en abusant de l'alcool, des partys, de la drogue, du sexe... le gros fun, finalement!»
Laurence, 35 ans

«Je le vis mieux, maintenant. Vive les vibrateurs et les piles longue durée!»
Myriam, 26 ans

«J'ai été plus souvent célibataire qu'en couple. Le célibat pour moi, c'est normal, c'est être en couple qui me demande des efforts d'adaptation.»
Solange, 32 ans

«*Tout dépend des jours, mais plutôt bien, même si, à la longue, ça devient... long!*»

Virginie, 22 ans

«*Assez bien, j'ai plus de temps pour moi. Avant, c'était le couple d'abord et moi ensuite; maintenant, c'est juste moi!*»

Agathe, 32 ans

«*Comme je vis bien avec moi-même, je vis toujours bien mes périodes de célibat.*»

Anne, 31 ans

«*Mon célibat a été un deuil, ça donc été long parce que le temps passe pas vite quand on a mal.*»

Marianne, 44 ans

«*Je vis ça quand même assez bien, mais je trouve ça long parfois. J'ai des petites crises d'affection et de tendresse, mais j'essaie de penser à autre chose.*»

Miss Lili, 29 ans

«*Pendant ces périodes de célibat, j'ai toujours été très énervée et très occupée: beaucoup de sorties, de soirées, d'aventures sans lendemain. Bref, je ne m'ennuyais pas!*»

Léa, 29 ans

LES AMANTS

«*Qu'est-ce qu'un amant? C'est un instrument contre lequel on se frotte pour avoir du plaisir.*»
Stendhal

Un amant est un outil extraordinaire, essentiel même, pour traverser les périodes de célibat qui s'étirent sans fin. Le problème avec un amant, c'est qu'il nous fait tout ce qu'un amoureux devrait faire, excepté nous aimer vraiment. C'est difficile de ne pas tomber amoureuse d'un homme qui nous fait sentir bien, mais c'est vital, non seulement pour ne pas avoir mal, mais pour que notre amant reste notre amant, qu'il ne devienne pas une autre aventure à ranger avec les autres.

Si la relation est claire entre vous et votre amant, il ne doit pas y être question d'amour, juste de sexe et, à la limite, d'amitié. Si vous tombez amoureuse de votre amant et que vous le lui dites, il se peut qu'il soit, lui aussi, amoureux de vous, mais c'est peu probable. Ce n'est pas l'entente que vous aviez, et si les amants ont une qualité, c'est qu'ils respectent à la lettre les ententes établies au départ. Mais le plus sûr si vous déclarez votre amour à votre amant, c'est que vous risquez de le perdre, et de perdre les avantages qui viennent avec lui. Il ne vous restera plus qu'à en trouver un autre après. Et un bon amant, qui nous convient à nous, est une perle difficile à trouver. Quand on en déniche un bon, on s'arrange pour le garder.

Les filles, un amant?

«Faudrait définir le mot amant. Dans ma vie, j'ai un homme avec qui je parle continuellement sur le Net. Un gars super qui me dit tout ce que j'ai besoin d'entendre. On s'est rencontré, on a flirté, on s'est aimé mais on n'a pas fait l'amour... pas encore.»

Laurence, 35 ans

«Oui, j'ai un amant qui est aussi un bon ami. C'est essentiel dans ma vie, je ne sais pas ce que je ferais sans lui. C'est pas que je l'aime comme une folle, mais je suis bien avec lui. Je sais que c'est pas l'homme de ma vie, mais en attendant de trouver l'Amour, j'ai besoin de lui. Ça fait des années qu'on se fréquente; en fait, c'est ma plus longue relation et la plus saine que j'ai eue avec un homme. Il est l'homme qui me fait le plus de bien. Et il est très performant...»

Sophie, 30 ans

«J'ai jamais été capable, je suis trop romantique, trop fleur bleue. Pour moi, c'est un amoureux ou rien... mais, est-ce qu'un vibrateur est un amant?»

Myriam, 26 ans

«Oui, et il est là juste quand moi j'en ai envie. Il ne rentre pas dans ma vie, simplement dans mon lit!»

Virginie, 22 ans

«Non, moi c'est une amante... Je suis gaie et célibataire, pas abstinente! C'est sûr que je voudrais plus dans cette relation, mais bon, on prend ce qu'on peut quand ça passe!»

Agathe, 32 ans

«Non, mais je voudrais bien avoir un amant stable. Ça semble dur à trouver.»

Fanny, 27 ans

«Oui, mais c'est dur à gérer entre le mari et les enfants...»
Anne, 31 ans

«J'en avais un, mais je l'ai laissé parce que j'ai pas la tête à ça en ce moment. Le sexe, c'est pas nécessaire dans ma vie présentement.»
Miss Lili, 29 ans

LES AVENTURES D'UN SOIR

Quoi qu'on en dise, les femmes ont autant d'aventures d'un soir que les hommes. Mais la différence entre les hommes et les femmes qui ont une aventure, c'est que la plupart de ces femmes espèrent qu'il y aura un lendemain, tandis que les hommes ne pensent même pas à passer la nuit au complet dans nos bras. On pense au sexe autant que les hommes, mais pas dans le même but.

Les femmes aiment le sexe, mais c'est pour elles un moyen de trouver quelqu'un qu'elles aiment, quelqu'un avec qui elles pourront avoir une relation durable. Quant à la plupart des hommes, ils n'y voient pas de lendemain. Les hommes ont cette qualité de vivre le moment présent sans penser à plus tard, sans se créer d'attentes, ce qui n'est pas toujours notre cas, nous, les madames.

Le plus difficile avec les aventures d'un soir, c'est de donner le goût à notre homme de nous revoir. Pour ce faire, un seul moyen: se rendre indispensable et inoubliable. Beaucoup plus facile à dire qu'à faire, je vous l'accorde. Mais si nous réussissons à piquer sa curiosité, à le faire sentir bien dans nos bras, en ne lui mettant pas de pression par nos attentes, en lui faisant sentir que nous lui accordons une faveur en étant avec lui, il y a des chances qu'il nous rappelle. À ce moment-là, c'est à nous de jouer.

Nous devons alors revoir notre «aventure» dans un contexte où nous ne pourrons pas baiser et où nous pourrons lui faire voir ce que nous valons. Laissons-le parler: plus nous en saurons sur lui, mieux nous serons armées pour le séduire pour de bon.

Le début d'une relation, c'est beaucoup de travail. Nous devons montrer à notre Jules qui nous sommes sous notre meilleur jour, sans cacher tout le reste. L'idée n'est pas de faire de la fausse représentation, mais tout de même, dans les premiers temps de la relation, évitons de lui dire que nous voulons nous marier et avoir quatre enfants... Gardons le secret le plus longtemps possible et faisons-lui la surprise le temps venu.

Les gars, quand vous rencontrez une fille, qu'est-ce qui va faire que vous allez la rappeler?

«Ça s'explique pas.»
Bill, 33 ans

«Si le rapport intelligence/apparence est bon.»
Martin, 28 ans

«Sa façon de me répondre, surtout si elle m'a laissé son numéro de téléphone aussi... quoique si je la veux vraiment, je vais m'arranger pour la trouver.»
Daniel, 31 ans

«Faut qu'elle me donne son numéro, qu'elle se montre intéressée.»
Didier, 26 ans

«Ce qu'elle dégage et si elle a quelque chose à raconter ou non.»
   Antoine, 27 ans

«Si j'ai eu du plaisir avec elle et si j'ai le goût de la revoir.»
   Paul, 25 ans

«Si j'ai eu du plaisir avec elle, si elle me plaît.»
   Marcel, 33 ans

«La façon dont la rencontre s'est passée, si elle est arrivée à piquer ma curiosité.»
   Damien, 27 ans

«Selon la conversation que j'ai eue avec elle, la complicité et les affinités partagées, et si je sens qu'elle est intéressée, elle aussi.»
   Samuel, 32 ans

Les filles, une aventure d'un soir inoubliable

«C'est avec un gars que je voyais depuis longtemps et que je trouvais affreusement sexy. Quand on s'est parlé la première fois, je lui ai dit qu'il me plaisait et, belle coïncidence, je lui plaisais aussi. On s'est embrassés et on a fait l'amour des tas de fois. Je ne pourrai jamais l'oublier, il m'a confirmé hors de tout doute que l'orgasme multiple existe vraiment. S'il m'avait demandé de l'épouser, j'aurais dit oui sans hésiter.»
   Sophie, 30 ans

«Un soir que je n'allais pas très bien, que j'avais le moral à zéro, je suis allée dans un bar et j'ai demandé à un gars de mon goût si on pouvait coucher ensemble, question de combler nos besoins. Chose dite, chose faite. Un coup arrivé dans son lit, il s'est mis à me dire doucement: "Tu sais que tu es la première fille que je ramène ici depuis que ma blonde m'a quitté, il y a de ça un an... bla bla bla..."Évidemment, c'était pas vrai, je le savais et il savait que je le savais, mais il jouait le jeu parfaitement. Alors je lui ai demandé de le dire encore. Et c'est ce qu'il a fait! Et ça a été une bonne baise pleine de tendresse... parce qu'on savait tous les deux ce dont l'autre avait besoin.»

Laurence, 35 ans

«Terrible! J'ai passé la nuit avec un gars... et on s'est présenté le lendemain au déjeuner. J'étais saoule et pas du tout fâchée de ne pas me rappeler tout ce qui s'était passé.»

Myriam, 26 ans

«Précisons que, dans le temps, je ne savais pas que j'étais gaie. C'était à un magnifique party de Noël pour le bureau. Y avait un gars avec qui je travaillais qui me trouvait de son goût et qui était fiancé avec quelqu'un. Mais l'alcool aidant, il s'est ramassé chez moi et, bon, ce qui devait arriver arriva. C'était même pas bon. Pour moi, c'était juste une aventure, rien d'autre. Le con a rompu le lendemain avec sa fiancée et il est revenu à la charge. Pitié! Non!»

Agathe, 32 ans

«Une nuit passée avec un jeune homme de huit ans plus jeune que moi et qui n'avait rien à envier à plus vieux que lui...»

Fanny, 27 ans

«Je croyais que c'était pour être une aventure d'un soir mais, finalement, le gars est devenu mon conjoint. C'était à l'Halloween, j'arrive déguisée en robe bleu roi à paillettes. Elle était très moulante. Faut dire que j'étais mince à l'époque. Je portais aussi des gants de marabout. Super sexy! La robe avait de gros seins rembourrés, j'avais des faux ongles bleus, etc. J'ai gagné le premier prix pour mon costume, une bouteille de champagne. J'ai alors invité le mec à partager mon prix et à venir dormir chez moi. Arrivée chez moi, je commence à danser langoureusement afin qu'il sache à quoi s'attendre, tout sur moi ou presque était faux à cause du costume. Je m'allume donc langoureusement une cigarette et mon faux ongle prend en feu, pas moyen de l'éteindre, finalement je crache dessus... Ça puait et on repassera pour le charme... j'ai enlevé mon ongle brûlé, j'ai enlevé mes faux cils, ma robe... et le charme est revenu!»

Marianne, 44 ans

«Un soir d'Halloween avec un cow-boy très sensuel. On s'est rencontrés dans une soirée qu'on a quittée comme des voleurs et on s'est retrouvés dans une autre soirée chez des inconnus. On s'est amusés dans un tas de feuilles mortes, pis on s'est retrouvés chez moi où on a baisé cinq fois entre minuit et 8 heures du matin! On a fini ça avec un gros déjeuner dans un petit resto en riant parce que mon cow-boy était encore habillé en cow-boy. On s'est quittés et on ne s'est jamais revus.»

Léa, 29 ans

PETITES DOULEURS À LUI INFLIGER
POUR SE FAIRE PLAISIR

Quelques petits trucs déjà testés et éprouvés pour faire suer, baver, craquer le salaud qu'on aime ou qu'on déteste:

- Ayez toujours l'air de lui faire une énorme faveur en acceptant de le voir;

- Quand vous dormez chez lui, partez en douce au milieu de la nuit sans prévenir. Ça le rendra, au moins un peu, incertain par rapport à vos sentiments pour lui;

- Quand il téléphone, prétextez un appel sur l'autre ligne et rappelez-le environ une heure après, histoire de vous faire désirer. Même si vous êtes une fille facile, il n'est pas obligé de le savoir;

- Couchez avec lui en l'appelant par un autre nom que le sien (particulièrement efficace au moment de l'orgasme, même feint). Excusez-vous ensuite en l'appelant par un autre nom encore, riez et dites-lui que ce n'est pas de votre faute, que vous avez la tête ailleurs;

- Jouez à l'allumeuse pendant des heures avant de le laisser tomber à la fin de la soirée;

- Ne l'appelez pas s'il vous donne son numéro de téléphone et arrangez-vous pour le revoir «par hasard»;

- Jouez la fille inatteignable tout en lui laissant entendre entre les lignes que vous êtes irrésistible; jouez ce jeu le plus longtemps possible, jusqu'à ce que vous craquiez et que vous lui sautiez dessus;

- Passez la soirée à le regarder sans jamais aller le voir; ne lui souriez jamais mais, juste avant de partir, offrez-lui votre sourire le plus beau et le plus sexy.

Les gars, qu'est-ce qu'une femme peut faire pour vous énerver?

«Parler, parler...»
   Bill, 33 ans

«Être indécise. Je pense que c'est un trait de caractère que pas mal de femmes ont en commun, pis ça m'énerve.»
   Paul, 25 ans

«Ne pas écouter ma réponse quand elle me pose une question.»
   Antoine, 27 ans

«Être stupide.»
   Damien, 27 ans

«Me dire quoi faire, me priver de ma liberté et m'éloigner de ce que j'aime.»
   Marcel, 33 ans

«Me dire quoi faire, tout le temps. Surtout, me dire comment je devrais le faire.»
   Martin, 28 ans

«Une fille qui se prend pour une lady alors qu'elle ne l'est pas.»
   Samuel, 32 ans

LA SÉDUISANTE ET LA SÉDUCTRICE EN VOUS

C omment procéder pour séduire l'objet désiré? La séduction est un art, mais ce n'est pas un don. Séduire, ça s'apprend mais, comme pour le reste, il faut pratiquer.

Premièrement, nous devons savoir ce que nous cherchons chez un homme. Notre façon de séduire sera différente selon que nous cherchons l'amour ou juste une aventure. En passant, c'est beaucoup plus facile de trouver une aventure que l'amour. Mais ça, toutes les célibataires le savent.

Partout dans le monde, les femmes recherchent un homme avec un certain statut social ou, du moins, un homme sur lequel elles puissent compter. Les hommes, eux, recherchent des femmes jeunes et attirantes. Mais vous n'êtes pas condamnée à être seule si vous n'êtes ni jeune ni attirante: le bien-être et la confiance en soi sont les meilleures armes dont vous pouvez disposer pour séduire. C'est la même chose que pour un homme. Vous pouvez trouver un homme absolument séduisant, parfait, mais lorsque vous lui parlez et que vous vous rendez compte qu'il est imbécile et borné ou qu'il n'est qu'une guenille, votre attirance pour lui se sera complètement évaporée.

Les gars, la première chose que vous regardez chez une femme, honnêtement?

«De près, ses yeux. De loin, son cul.»
Bill, 33 ans

«Son visage, ensuite sa voix et son corps.»
Daniel, 31 ans

«Son visage, ses fesses, ses seins.»
Martin, 28 ans

«Son allure mais surtout son cul et ses jambes. Mais j'avoue que je ne regarde pas une femme extrêmement bien foutue si son visage me déplaît.»
Didier, 26 ans

«Le sourire, les yeux, les seins.»
Antoine, 27 ans

«Son visage. Ensuite, mes yeux descendent… Si je vois une fille qui, de dos, a l'air mignonne, je vais essayer de regarder son visage… Honnêtement.»
Paul, 25 ans

«Ses seins, ses yeux, son sourire, ses fesses.»
Marcel, 33 ans

«Son sourire, ses yeux et sa silhouette.»
Damien, 27 ans

«Son visage. Une face de bœuf avec un beau corps ne m'intéresse pas du tout. Trois tonnes de maquillage me font fuir... Manque de naturel.»
Samuel, 32 ans

S'il n'y a pas d'attirance physique, aucune séduction n'est possible. Mais l'attirance physique à elle seule n'est jamais ce qui fait une relation durable. À la limite, ça durera une nuit. Si votre but est non seulement de ramener le monsieur en question coucher à la maison, mais de le garder à déjeuner, basez votre approche de séduction et votre intérêt sur autre chose que l'apparence physique uniquement.

Lors de la séduction, prenez l'initiative. Osez! Le pire qui puisse arriver, c'est de vous faire dire non, et se faire dire non n'a jamais tué personne. Vous ne jouez pas votre vie, vous séduisez. Lors de la séduction, les vêtements et votre attitude en disent long sur vos intentions. Si vous vous habillez de façon vulgaire et que vous vous comportez comme une fille en chaleur, vous en récolterez les fruits. Optez plutôt pour des vêtements attirants qui ne sont pas criards ni vulgaires. Être naturelle et à l'aise nous donnent du sex-appeal, nous rendent séduisantes. Une démarche assurée, un sourire sincère et des regards bien placés feront une bonne partie du travail de séduction.

Mais en séduction, du rouge à lèvres et des talons hauts ne nuisent pas, non plus. Nous sommes des femmes, assumons notre féminité et tous nos atouts. Être une femme nous donne beaucoup de pouvoir, beaucoup plus que nous pouvons le penser. Nos atouts corporels, bien mis en valeur, nous donnent une longueur d'avance dans le jeu de la séduction. Porter un décolleté n'est pas vulgaire si nous l'assumons, si nous nous trouvons belles, irrésistibles. Si on hésite à être sexy, par peur de passer pour trop sexuelle, il faut penser que c'est un homme qu'on cherche, pas un lapin.

Même si on est à la recherche de l'homme de sa vie, on cherche aussi un partenaire sexuel. Les hommes ne séduisent jamais les femmes qu'ils ne veulent pas baiser. Même si ses intentions sont nobles et qu'il ne nous saute pas dessus dès le premier soir, un homme qui n'est pas attiré sexuellement ne nous accordera aucune attention digne de ce nom. Donc, être sexy, jolie, soignée, c'est essentiel pour arriver à ses fins. Si on veut un homme, on s'équipe pour la chasse à l'homme. Et cet «équipement» doit être à la mesure de ce que l'on cherche...

Les gars, que pensez-vous des femmes qui prennent l'initiative, qui vous abordent pour vous séduire?

«*Enfin!*»
Martin, 28 ans

«*Franchement! Ça n'arrive que dans les films, ça, non?*»
Daniel, 31 ans

«*Pourquoi pas?*»
Bill, 33 ans

«*Le nombre de fois que ça m'arrive... c'est dur d'être un sex-symbol. Aujourd'hui, je pense que si une femme ne trouve pas ça correct d'aborder un homme, elle ne devrait même pas être dans le même endroit que nous. Ça peut paraître pompeux, mais c'est vrai. Ça m'arrive régulièrement de me faire aborder par une femme, surtout après un show, et je trouve ça tout à fait normal...*»
Paul, 25 ans

«*Génial! C'est parce que ma conjointe a osé la première que je suis avec elle aujourd'hui.*»
Antoine, 27 ans

«*Je l'apprécie. Vraiment.*»
Damien, 27 ans

«Toutes les femmes devraient faire ça. C'est trop rare.»
Marcel, 33 ans

«Hummm! J'adorerais ça, mais je crois que ce n'est qu'un mythe! Se faire approcher par une lady et qui tente de me séduire me valoriserait probablement au plus haut point, même si la lady ne m'attirait pas du tout!»
Samuel, 32 ans

Repérer quelqu'un qui nous attire est facile, décider comment on va l'aborder, ça l'est moins! Si vous voulez attirer quelqu'un, le meilleur moyen est de lui montrer que vous êtes intéressée. Le regarder, se passer une main dans les cheveux et lui sourire, voilà un bon départ. Observez comment il réagit et si ça semble positif, saluez-le et présentez-vous. Si vous le sentez froid, distant, bref, s'il n'est pas intéressé, esquivez-vous avec dignité en lui disant qu'il vous rappelait un charmant garçon que vous aviez connu à l'université mais que, visiblement, vous vous êtes trompée. Par contre, si l'objet de votre désir vous démontre de l'intérêt, foncez!

Ce qui vient ensuite est de votre ressort, il n'y a malheureusement pas de recette. Vous devez y aller avec ce que vous êtes. Si vous jouez franc-jeu dès le départ et que vos intentions sont sincères, vous avez toutes les chances de le séduire. Faites l'étalage de vos qualités, de votre intelligence, subtilement, sans tomber dans le monologue. Et montrez que vous avez de l'humour; l'humour est un signe d'intelligence, et on séduit plus sûrement par son esprit. Le propos doit devenir plus élaboré, plus intime si l'on cherche une relation durable.

Mais pour une aventure d'un soir, contentez-vous de l'écouter avec intérêt, de rire de ses blagues et de commenter avec parcimonie tout ce qu'il vous dit, c'est suffisant. Pour un soir, les hommes n'exigent pas de nous le grand jeu. À la limite, vous pouvez lui demander carrément de passer la nuit avec vous. Ça le surprendra, mais ça ne l'offusquera jamais, et 97 % du temps, la réponse sera positive. Les

3 % d'hommes qui refuseront votre proposition n'auraient pas été à la hauteur, de toute façon...

Les filles, les choses les plus folles et originales que vous avez faites pour séduire un homme

« J'étais amoureuse d'un gars plutôt timide. Je l'ai invité dans un café et je lui ai offert un livre des années 50 qui s'intitulait La gêne, ça se soigne. Il a ri mais ne comprenait pas trop pourquoi je lui donnais ça. Je lui ai dit alors que je l'aimais. Il a figé là et m'a demandé, inquiet, si on devait quitter le resto bientôt parce qu'il ne pouvait plus se lever tellement il était mal. Ça n'a pas marché comme je le voulais, mais quand j'y repense, je me suis trouvée pas mal hot. »

Solange, 32 ans

« J'ai laissé mon nom et mon numéro de téléphone à un serveur dans un restaurant. En fait, je lui avais fait les yeux doux tout le temps que j'étais là. Quand j'ai payé mon repas, je lui ai écrit mes coordonnées sur la facture et je lui ai laissé un énorme pourboire. Il m'a téléphoné, on s'est rencontrés, on a passé une excellente soirée. Il n'y a pas eu de suite, mais je ne regrette pas de l'avoir fait, j'ai aimé mon audace. »

Sophie, 30 ans

« Des choses comme: m'acheter une paire de bottes à 125 $ un point trop petit, pour arriver à parler au vendeur que je trouvais de mon goût, ou m'enfarger dans une poubelle dans un lieu public à la vue d'un mec intéressant et tomber pour qu'il vienne m'aider à me relever. Ou faire une rencontre avec un homme sur le Net et décider d'aller à sa rencontre, à 1 1/2 heure de route de chez moi, seule, sans savoir exactement à qui j'ai affaire... »

Laurence, 35 ans

153

«J'ai vu un gars que je trouvais de mon goût, je lui ai tapé sur l'épaule et je lui ai demandé s'il embrassait bien. Il m'a dit qu'il ne savait pas, je lui ai alors offert de vérifier ça...»

Fanny, 27 ans

«C'est rare que j'impressionne les hommes par mon approche, c'est pas mon genre de faire des pirouettes hors de l'ordinaire pour séduire un homme. J'y vais avec des petits yeux charmeurs et un sourire à faire craquer...»

Miss Lili, 29 ans

Si vous êtes très exigeante dans le choix d'un partenaire, vous devez absolument avoir beaucoup à offrir. L'homme parfait n'existe pas. Vous devez ajuster vos demandes par rapport à ce que vous avez à offrir. Soyez réaliste, ne vous contentez pas d'un homme qui ne vous plaît qu'à moitié, mais ne demandez pas la lune si vous ne pouvez pas l'offrir.

Dans la recherche d'un partenaire sexuel ou dans la recherche d'un partenaire de vie, les hommes et les femmes jouent un jeu complètement différent. C'est en observant l'objet de votre désir, en vous adaptant à son rythme, à sa façon d'être que vous découvrirez ses règles.

Les gars, ce qui vous fait craquer chez une femme

«*Le sourire, le regard, les mots doux, les petits gestes aussi. Je suis vieux jeu de même... Sa façon de se coller contre moi ou de prendre ma main, et ses gros seins.*»
Paul, 25 ans

«*Ses yeux.*»
Bill, 33 ans

«*Le sourire.*»
Antoine, 27 ans

«*Son sourire, ses yeux, son apparence générale.*»
Daniel, 31 ans

«*Son sourire et sa conversation.*»
Damien, 27 ans

«*Ses seins, son sourire, ses lèvres et sa cordialité.*»
Marcel, 33 ans

«*Son sourire et si elle illumine la pièce où elle se trouve.*»
Samuel, 32 ans

«*Ses yeux, son visage, son corps...*»
Didier, 26 ans

AFFIRMER SON SEX-APPEAL

Pour avoir confiance en ses capacités de séduction, il faut absolument assumer son sex-appeal. Le sex-appeal nous rend sexy, irrésistibles et nous donne beaucoup de pouvoir. Et pour affirmer ce sex-appeal, voici quelques petits trucs simples :

- Lire des romans érotiques dans des lieux publics et dans le transport en commun ;
- Sortir sans petite culotte une fois par semaine ;
- Éclairer sa chambre de bougies uniquement ;
- Commander une pizza et ouvrir au livreur en petite tenue ;
- Faire un strip-tease devant la fenêtre, les rideaux tirés ;
- Aller aux danseuses avec des amis mâles ;
- Aller au sex-shop ou dans une boutique de lingerie fine, acheter quelque chose et se promener ensuite au centre-ville avec le sac de la boutique bien en vue ;
- Se rendre dans un bar et commander seulement des drinks qui contiennent le mot sexe ;
- Demander conseil au pharmacien pour l'achat de condoms ou de lubrifiant ;
- Mettre un décolleté plongeant pour aller chez l'épicier ;
- Porter des bas fins et des jarretelles pour aller travailler ;
- Faire le ménage déguisée en soubrette ;
- Acheter un vibrateur et l'utiliser ;
- Louer des films pornographiques au club vidéo sans chercher à se cacher ;
  - Se masturber régulièrement.

Les gars, qu'est-ce que vous faites pour séduire une femme?

«Je suis moi-même. Je lui dis ce que je pense d'elle. Je suis un beau parleur. Donne-moi dix minutes de ton temps et je te montrerai que je suis quelqu'un d'intéressant...»
Paul, 25 ans

«J'aime bien la faire rire et la charmer avec ma personnalité.»
Daniel, 31 ans

«Je reste comme je suis. J'y vais avec un peu d'indépendance (mais pas trop), de l'humour et du respect.»
Martin, 28 ans

«Je ne sais pas. Je suis comme d'habitude, mais en mieux.»
Bill, 33 ans

«Je ne fais rien de spécial, à part être moi-même! On m'aime ou on ne m'aime pas!»
Samuel, 32 ans

«Je reste moi-même! Alors, elle m'aime pour moi et non pas pour ce que je laisse paraître.»
Antoine, 27 ans

«J'essaie de la faire rire.»
Didier, 26 ans

«Je la laisse parler d'elle, je lui pose des questions sur elle, je lui donne de l'importance et je la fais rire.»
Marcel, 33 ans

LE PREMIER RENDEZ-VOUS

Ça y est, vous avez un rendez-vous avec un homme! Préparez-vous bien pour cette première rencontre, laissez vos attentes à la maison et partez avec votre bonne foi sous le bras et vos bonnes intentions dans votre sac à main, surtout si vous projetez quelque chose de plus sérieux qu'une simple aventure.

Disons tout d'abord qu'une première impression est rarement réversible, alors au premier rendez-vous, on met toutes les chances de son côté. Le choix de ce que l'on va faire est crucial. Règle essentielle: le premier rendez-vous doit toujours avoir lieu dans un endroit public; ne l'invitez jamais à la maison et n'acceptez jamais d'aller chez lui, sous aucun prétexte. Attendez de le connaître et de le présenter à vos amis. Ne prenez pas de risques inutiles, il pourrait être dangereux, ou pire, il pourrait être dans une secte.

Optez pour prendre un verre plutôt que de manger au restaurant la première fois; si vous vous sentez mal à l'aise, vous n'aurez pas à attendre la fin du repas pour partir. Si vous n'avez jamais rencontré cet homme de votre vie, demandez à quelqu'un de venir au rendez-vous avec vous, de s'installer quelques tables plus loin et d'attendre votre signal comme de quoi tout est OK avant de vous laisser sans surveillance.

Les filles, un rendez-vous amoureux inoubliable

«*Il y a longtemps, je suis sortie avec un nerd qui était dans la patrouille de ski avec moi. Un soir donc, on sort avec mes amis*

dans un bar. Il les rencontre pour la première fois. Dans la soirée, il s'est mis à chanter du Rick Asley. J'aurais aimé le tuer sur place.»
Agathe, 32 ans

«Un gars qui m'a fait rencontrer ses parents. Sa mère m'a dit en me voyant: "Tu as l'air mature et ça fera du bien à mon fils, tu pourras le surveiller et le materner. Finalement, tu me remplaceras." Ensuite, on est allés dans sa chambre et on a fait des choses que sa mère faisait sûrement pas avec lui. Je me sentais si mal à l'aise.»
Laurence, 35 ans

«C'était une blind date organisée par une amie (qui ne l'est plus aujourd'hui). Je suis allée souper avec le gars, c'était le sosie du personnage de George dans la série télé Seinfeld, aussi radin et déprimant, et pas sexy du tout. J'ai passé les deux heures les plus ennuyantes de ma vie. J'aurais voulu être vache et le planter là, mais je n'ai pas osé, il me faisait pitié. Je ne l'ai jamais revu.»
Sophie, 30 ans

«J'avais invité un gars à un spectacle, un peu à la dernière minute et il est arrivé directement du bureau sans avoir pris de douche ni s'être changé. Il sentait tellement mauvais, mélange de sueur et d'odeur de nourriture (il avait mangé dans un resto graisseux le midi), que j'étais gênée d'être à côté de lui. Je le trouvais repoussant, mais je ne voulais pas être impolie et, toute la soirée, j'ai dû esquiver ses avances et l'empêcher subtilement de m'embrasser et de se coller contre moi. J'avais vraiment hâte que la soirée finisse!»
Léa, 29 ans

«Lors d'un souper de réconciliation avec mon amoureux après une petite chicane. La discussion est partie dans tous les sens, je l'ai quitté pendant le repas, sans réfléchir. Je lui ai fait beaucoup de peine, mais bon, je ne regrette pas... pas tant que ça, en tout cas.»
Virginie, 22 ans

« J'ai vu une petite annonce dans le journal qui disait: "Bel homme de 40 ans, charmant, gentil, cultivé et riche, cherche ronde." Je lui ai téléphoné, on s'est donné rendez-vous dans un café. Quand je l'ai vu arriver avec ses bottes de cow-boy ross, j'ai failli vomir tellement il était laid et peu soigné. Il avait l'air de 60 ans et s'il était riche, il était super cheap. Il n'a même pas offert de payer mon café et n'a même pas laissé de pourboire. Il ressemblait à un mauvais mélange de Pierre Richard et de David Letterman et il n'arrêtait pas de me regarder comme un gros vicieux. Je me suis poussée dès que j'ai pu. »

Solange, 32 ans

Donnez-vous aussi une limite de temps pour le rendez-vous, une demi-heure, par exemple. Prétextez quelque chose, un engagement. Si c'est ennuyant à mourir, vous aurez votre porte de sortie. Si toutefois c'est intéressant, demandez-lui quelques minutes, allez au téléphone et faites semblant d'annuler votre engagement bidon et profitez de votre soirée.

Lorsque vous rencontrez quelqu'un pour la première fois, ne vous mettez pas les pieds dans les plats. Faites attention à ce que vous dites, ne portez pas de jugement et évitez de faire des généralités, car vous ne connaissez pas la personne qui est devant vous. Si vous vous mettez à vous plaindre des politiciens par exemple, si le père ou le frère de cette personne est député ou ministre, vous risquez de le froisser et d'installer un malaise qui sera bien difficile, voire impossible, à défaire. Évitez de parler de politique, de religion, de vos opinions; parlez plutôt de vous, de votre philosophie de vie, de votre travail, de votre chat, de votre décoration intérieure, bref, parlez de sujets qui n'amèneront pas de grandes discussions animées ni de désaccords. Une fois que vous le connaîtrez davantage, vous pourrez lui faire part de tout ce que vous pensez. Si vous craignez de dire des niaiseries, écoutez-le, répondez à ses questions et, surtout, ne buvez pas trop.

Les filles, comment faites-vous pour séduire un homme qui vous plaît?

«*Je lui souris, je m'intéresse à ce qu'il dit et après un moment, je lui avoue qu'il me plaît. Ça passe ou ça casse. Ça passe souvent... au moins pour une nuit. C'est déjà ça de pris.*»
Sophie, 30 ans

«*Je le lui dis, c'est tout! Plus jeune, j'avais peur du refus. Je préférais attendre et créer le mystère autour de moi. Maintenant, je n'ai plus de temps à perdre et j'aime mieux savoir tout de suite s'il a de l'intérêt pour moi. La vie est si courte, j'ai pas le temps d'attendre d'être ridée et sénile pour m'amuser.*»
Laurence, 35 ans

«*Je le lui dis et je m'arrange pour qu'on prenne rendez-vous.*»
Myriam, 26 ans

«*Je ne fais rien de spécial. En fait, je fais pas mal de niaiseries et je m'arrange pour le faire rire. Bref, je reste moi-même.*»
Solange, 32 ans

«*Je ne fonce jamais, je n'ai pas le temps, ils sont tous après moi... Sérieusement, je n'aime pas faire les premiers pas, alors j'attends et je suis souvent déçue.*»
Virginie, 22 ans

«*J'ai ben de la misère avec ça, je suis plutôt timide, mais j'essaie de lui lancer le plus de messages possible. C'est pas toujours subtil, mais souvent, le gars finit par me remarquer et il fait les premiers pas.*»
Miss Lili, 29 ans

«J'essaie de me faire remarquer afin qu'il m'invite, je n'aime pas faire les premiers pas.»
Léa, 29 ans

L'AVEZ-VOUS SÉDUIT?
SON CORPS VOUS LE DIRA...

Quelques petits signes qui ne trompent pas:

— Si, après cinq minutes, le gars ne vous a donné aucun signe positif, laissez tomber, il n'y a rien à espérer de lui;

— Si votre homme prend ses distances par rapport à vous, lorsque vous marchez ou lorsque vous vous asseyez près de lui, passez à un autre;

— S'il a de la difficulté à marcher, c'est que l'alcool ou vous lui faites de l'effet;

— S'il compresse les lèvres lorsqu'il vous sourit et ne laisse pas voir ses dents, il est très probable qu'il ne soit pas intéressé;

— Si vous le touchez, lui effleurez le bras et qu'il n'a aucune réaction, qu'il ignore votre geste, passez votre tour et allez voir ailleurs si vous y êtes;

— S'il hausse les sourcils en vous parlant, en vous écoutant, c'est signe qu'il est intéressé;

- S'il soulève ses épaules et les roule, c'est qu'il s'ouvre et qu'il est prêt à s'abandonner;

- S'il croise ses jambes pour ne plus vous faire face, pour vous voir de côté, levez-vous et prenez rendez-vous avec le prochain sur votre liste;

- S'il vous montre les paumes de ses mains, c'est qu'il est intéressé et en confiance;

- Si le haut de son corps vous fait face, c'est une invitation à aller plus loin;

- S'il bâille et qu'il passe son temps à regarder sa montre, soit qu'il est vraiment fatigué ou, alors, qu'il n'a pas les couilles de vous envoyer promener. Prenez les devants et sauvez la face en le quittant dignement.

La synchronie est très certainement le plus clair et le plus significatif des signes d'intérêt. Si vous discutez avec quelqu'un qui vous plaît et que vous voulez savoir si c'est réciproque, prenez votre verre et buvez. Si votre partenaire vous imite, c'est signe qu'il y a réel intérêt, au même titre que s'il fait les mêmes gestes que vous, qu'il se positionne de la même façon que vous. Bref, si votre homme est votre miroir, vous l'avez.

Ne vous acharnez pas sur un gars qui ne vous démontre aucun intérêt, vous allez perdre votre temps. Même si vous ne voulez qu'une aventure, le gars qui est plus ou moins intéressé par vous ne vous offrira pas une nuit inoubliable; il va prendre son bonbon avant de rentrer chez lui comme un voleur. Et ça, c'est très frustrant. Nous valons toutes plus que ça.

Mais il serait bon de s'assurer tout d'abord que ce n'est pas par gêne ou par maladresse que le mec ne semble pas vous démontrer de l'intérêt. Pour être absolument certaine que vous lui plaisez, dites-lui que lui, il vous plaît et demandez-lui si c'est réciproque. Le pire qui puisse vous arriver, c'est qu'il vous dise que vous ne lui plaisez pas. C'est dur pour l'orgueil, mais l'avantage de cette technique plutôt directe, c'est que vous ne perdrez pas votre temps. La vie est trop courte et des hommes célibataires, il y en a d'autres.

SE DÉBARRASSER D'UN CON EN NE PERDANT PRESQUE RIEN DE SA DIGNITÉ

Q uand on a du succès avec les hommes, on en a avec tous les types d'hommes, y compris les imbéciles, les cons, les laids, les machos pas sexy, les retraités et les vendeurs d'aspirateurs. Pour se débarrasser efficacement de toutes ces plaies qui envahissent son espace vital sans qu'on les y invite, voici quelques méthodes éprouvées scientifiquement: on ne regarde pas le gars trop collant, on ne lui parle pas et on lui tourne le dos.

Si cette technique ne marche pas, parce qu'on a affaire à un tenace, on passe aux techniques plus radicales...

– S'il est vieux, offrez-lui de lui présenter votre père qui est gai et qui se cherche un conjoint ou votre mère malade qui se cherche un compagnon pour finir ses vieux jours;

– Faites le perroquet en répétant tout ce qu'il dit, avec le sourire baveux d'une enfant de quatre ans;

– Ayez des tics nerveux inimaginables, clignez des yeux, grattez-vous derrière les oreilles comme un chien, grattez-vous le cou sans arrêt, penchez la tête aux 10 secondes, etc.;

– Bavez comme un chien et essuyez-vous sur la manche de sa veste;

- Bégayez tellement qu'il ne comprendra rien de ce que vous dites;

- Jouez à la sourde en lui répétant tout ce qu'il vous dit très fort, mais en transformant un peu les mots de sorte que ça sonne très vulgaire et jouez l'offusquée;

- Levez-vous tout en lui parlant et replacez votre petite culotte, vos collants et votre soutien-gorge en ayant le moins de classe possible;

- Grattez-vous l'entrejambe en marmonnant: «Maudits morpions, ça pique donc ben!» Grattez-vous les seins aussi;

- Parlez-lui de vos problèmes financiers, de votre appartement minable et de vos quatre enfants venant de quatre pères différents pour lesquels vous cherchez un pourvoyeur;

- Prenez une grande gorgée de bière et rotez sans vous excuser;

- Éternuez-lui dans la figure sans mettre votre main devant votre bouche. Répétez au besoin;

- Jouez la séductrice, la femme fatale, mais lorsque vous riez, ayez le rire le plus grotesque, le plus tonitruant possible, histoire de lui faire honte pour la peine;

- S'il vous invite à danser, allez-y et dansez tellement mal qu'il n'aura pas d'autre choix que de vous laisser tranquille, ou alors, une fois sur la piste de danse, trouvez-vous un autre partenaire plus intéressant et ignorez votre con complètement;

- S'il veut vous payer un verre, acceptez, et commandez deux verres, les plus chers. Prenez ensuite les verres, remerciez-le et partez. Offrez-en un à un candidat plus intéressant et buvez avec lui en laissant votre con en plan;

- Soyez excessivement bête avec lui et excusez-vous tout de suite après en lui disant que vous avez vos règles et donnez-lui tous les détails. Ne vous gênez pas pour aller dans les détails les plus dégoûtants.

Et si aucune de ces techniques ne marche, il ne vous reste qu'une solution: frappez-le avec votre sac à main en criant «au vol!» ou «au viol!», c'est comme vous le sentez.

Les gars, qu'est-ce qui vous fait fuir chez une femme?

«*Une femme ronde n'aura d'office pas de chance. Une femme conne aussi. Et les femmes qui collent et les prétentieuses.*»
   Didier, 26 ans

«*Une odeur désagréable et une forte taille.*»
   Antoine, 27 ans

«*Les dents sales, les duvets qui ont l'air de moustaches, le manque de classe. En fait, le manque de féminité, c'est pas mal ça qui me répugne le plus. Une femme est belle quand elle est femme. Pis le manque de seins aussi.*»
   Paul, 25 ans

«*Manque de connaissances générales. Si une femme me parle de ce qu'elle mange... Bye! Bye!*»
   Martin, 28 ans

«*Son attitude, son agressivité, son odeur.*»
   Bill, 33 ans

«*Les femmes matérialistes et superficielles.*»
   Daniel, 31 ans

«*La malpropreté, le manque de savoir-vivre, la vulgarité.*»
   Damien, 27 ans

«*Le poil, un air de bœuf, une personnalité fermée, un esprit bouché.*»
   Marcel, 33 ans

«Une personnalité négative, du genre à ne pas être contente de rien, qui passe des remarques désobligeantes ou qui se prend pour une autre.»

Samuel, 32 ans

Les filles, ce que vous pensez des hommes

«Je trouve les hommes beaux, sexy et je ne pourrais pas vivre sans eux. Mais je crois que la plupart des hommes sont des peureux, qu'ils n'ont pas le courage de leurs sentiments et de leurs émotions. Je pense que, sur ce plan-là, les femmes ont pas mal plus de couilles que les hommes. Mais je les aime tellement.»

Sophie, 30 ans

«Il y a quelques années, j'aurais dit qu'ils voulaient juste faire l'amour ou la guerre. Aujourd'hui, je les prends cas par cas. Je fais la différence entre les vrais hommes et les autres... Maintenant, je suis avec un vrai homme.»

Solange, 32 ans

«C'est pas facile de leur faire confiance, mais certains sont de bons amis, d'autres de bons amants. Les bons amoureux sont plus rares.»

Virginie, 22 ans

«Les hommes ont tous un gène plus ou moins déficient, mais je ne peux pas m'en passer.»

Myriam, 26 ans

«Les gars sont bien moins compliqués que les filles, on peut jaser de tout avec eux, sans tabou. Ils n'ont pas peur d'exprimer les vraies affaires... Mais je dis ça, je suis gaie après tout! On peut s'en passer!»

Agathe, 32 ans

«Les hommes jugent trop les femmes physiquement, ils disent que non, mais si c'était vrai, j'en aurais un troupeau à mes pieds. Je ne comprends pas non plus pourquoi les femmes avec un cerveau les effraient.»
    Fanny, 27 ans

«Ils sont très intéressants. J'admire la confiance en eux qu'ils ont dès la naissance. Dans les dernières années, on les a pas mal malmenés, homme rose, macho. Je crois qu'ils ne savent plus quoi faire ou penser pour nous plaire.»
    Marianne, 44 ans

«J'en pense le plus grand bien. Après tout, c'est utile pour sortir les poubelles!»
    Anne, 31 ans

«Je me sens femme quand je suis avec des hommes! Je les aime! Je crois que l'homme est beaucoup moins compliqué que la femme dû au fait qu'il est moins raffiné. En général, les hommes un peu voyous, avec de la testostérone plein le corps, m'attirent énormément. Mais comme dans le passé, j'ai eu quelques mauvaises expériences avec ce genre de gars, je me suis protégée en épousant un homme qui n'avait rien de tout ça. Je croyais que j'avais la solution à mon problème, mais je m'en suis créé d'autres. Je me rends compte que le fait d'avoir fait ma vie avec un homme différent de ceux qui me provoquent et me font chavirer ne m'a pas servi. J'espère bien pouvoir trouver ce que je cherche avant de me dire que j'ai complètement manqué mon coup!»
    Laurence, 35 ans

«On est malheureuses sans eux et jamais tout à fait heureuses avec eux. Mais ils sont indispensables!»
    Léa, 29 ans

Les gars, ce que vous pensez des femmes

«*Tsss! Quelle question! Je ne pourrais pas vivre sans elles.*»
    Didier, 26 ans

«*On peut pas vivre sans elles. J'aime les femmes. En tout cas, celles que j'aime, je les aime.*»
    Paul, 25 ans

«*Heureusement qu'elles existent. Heureusement!*»
    Bill, 33 ans

«*Elles me donnent des frissons plus souvent qu'à mon tour. Leur complexité me dit que j'en ai encore beaucoup à apprendre sur elles, mais je travaille fort.*»
    Daniel, 31 ans

«*Elles sont comme tout le monde, différentes les unes des autres. La différence n'a pas de sexe.*»
    Antoine, 27 ans

«*On ne peut pas vivre avec elles, pas plus qu'on ne peut vivre sans elles.*»
    Marcel, 33 ans

«*Je dirais que les femmes en général ne sont pas si différentes des hommes. C'est juste qu'elles nous ont stéréotypés. On n'est pas tous pareils.*»
    Samuel, 32 ans

COUP DE DÉPRIME?

Malgré le statut de Happy Girl, il y a des jours où on se trouve moins belle, où on est moins bien dans sa peau. Ça arrive et ce n'est pas grave. Riez, souriez, même si ça ne va pas super bien. Sans oublier votre peine ou la cacher aux autres, le fait de rire et de sourire va vous permettre de vous détacher un peu de ce qui vous déprime ou de votre mauvaise humeur. Pour fuir les petits coups de déprime, on doit s'occuper l'esprit. On trouve des activités qui demandent toute son attention, pour oublier, pour faire le vide. Apprendre une autre langue, peindre, jouer aux échecs contre l'ordinateur, faire quelque chose pendant ce temps-là, ne penser à rien d'autre qu'à ce que l'on fait.

Si on déprime parce qu'on s'ennuie, on classe les photos, les cassettes vidéo, on fait un grand ménage dans ses papiers, on coud, on repasse, on lit, on dort, on fait tout ce que l'on n'a jamais le temps de faire. À chaque coup de déprime, on peut se faire les ongles, les cheveux, se maquiller, se coiffer. Juste le faire nous fait nous sentir déjà un peu mieux. Même si on ne sort pas de la maison, on doit apprendre à se faire belle pour soi. Juste ça, c'est un immense pas dans l'appréciation de soi et ça éloigne les idées noires.

Mais le plus important quand on a un coup de déprime, c'est d'en parler, de donner un coup de fil à maman pour se plaindre ou à une copine pour en rire. L'important, c'est de ne pas se sentir trop seule... Si vous le pouvez, sortez, allez prendre un café avec une amie ou allez au cinéma. Et un remède qui guérit toutes les déprimes: le coiffeur, le masseur ou l'esthéticienne, plus coûteux mais efficaces. Très efficaces.

Les filles, pour vous remonter le moral lorsque vous avez un coup de déprime

«*Je me dorlote: magasinage, bain, coiffeuse, bonne bouffe, bon livre.*»
Léa, 29 ans

«*Je dépense. J'achète des vêtements, je vais me faire masser, je vais au restaurant. Le fait de dépenser me remonte le moral.*»
Miss Lili, 29 ans

«*Un bain de mousse et un orgasme... À plus long terme, voir des amis, rencontrer le plus de gens possible. Alors, je cours les 5 à 7, les premières, les réunions de confrères.*»
Laurence, 35 ans

«*Je me couche et je dors, parce que quand je suis déprimée, c'est surtout parce que je suis fatiguée. Ou alors, je mets mon pyjama, je m'installe au chaud sur le canapé et je zappe pendant 10 heures en écoutant n'importe quoi. C'est super efficace! Si ma déprime persiste, je vais chez le coiffeur.*»
Sophie, 30 ans

«*Je m'achète un rouge à lèvres.*»
Lucie, 30 ans

«*J'appelle les copines et on va fêter.*»
Myriam, 26 ans

«*Je sors avec mes amis, je m'amuse, je ris.*»
Agathe, 32 ans

«Je me parle, je me dis que je suis forte et je me compare à pire que moi.»

Virginie, 22 ans

«Je mange au restaurant et je magazine!»

Solange, 32 ans

«Je vais dans Internet, je joue, je fais du social.»

Marianne, 44 ans

«Je dépense!»

Anne, 31 ans

PETITS PLAISIRS POUR HAPPY GIRLS

V oici quelques suggestions pour vous faire plaisir:

   – Lire toute la nuit, juste pour le plaisir, sans se soucier des heures de sommeil perdues;

– Prendre un bain avec un petit drink et des bougies;

– Enregistrer toutes ses émissions préférées de la semaine et, le samedi soir, les regarder l'une après l'autre;

– Sortir les disques de Noël au mois de mars, en pleine tempête de neige, puis faire cuire une dinde et inviter des amis. Au diable la déprime!

- Aller au parc s'amuser dans les balançoires une fois dans l'année, au moins. Gênée? Emprunter les enfants d'une copine et y aller avec eux;

- Apprendre à ne rien faire. On se couche sur le dos et on fixe le plafond en rêvassant. Faire ça aussi longtemps qu'on le peut. Si c'est difficile de ne rien faire, commencer par quelques minutes et augmenter les périodes de paresse petit à petit.

- Profiter d'un moment où l'on mange seule pour se faire une super bonne bouffe, ouvrir une bouteille de bon vin et sortir la vaisselle et la coutellerie du dimanche. Pour se tenir compagnie: un bon film, une émission qu'on aime, un journal ou un bon bouquin. C'est beaucoup moins déprimant que de manger un repas congelé debout à côté du micro-ondes;

- Faire une recherche sur un sujet sur lequel on ne connaît rien. C'est pas parce qu'on n'est plus à l'école qu'on ne peut plus apprendre;

- Essayer une nouvelle recette une fois par semaine;

- Prendre une douche après sa journée au bureau, commander du poulet, mettre son pyjama et passer la soirée à lire ou à écouter la télé;

- S'offrir un bain de pieds et soigner ses ongles d'orteil pour ensuite enfiler ses pantoufles et s'écraser dans un fauteuil pour lire un roman ou faire des mots croisés;

- S'habiller très chic, sexy et aller faire une promenade dans le quartier, juste pour le plaisir de se faire admirer;

- Se promener dans un parc, juste pour prendre l'air;

- Se faire bronzer toute nue... discrètement et, surtout, avec une bonne crème solaire;

- Se payer un soin professionnel, comme le coiffeur ou le masseur, au moins quelques fois dans l'année;

- Se déguiser juste pour le plaisir, pour se faire rire;

- Faire une sieste par jour, en rentrant du travail par exemple, pour le plaisir de son lit même si ce n'est que 15 minutes;

- Mettre la musique dans le tapis et danser, seule de préférence, pour pouvoir lâcher vraiment son fou;

- Parler au téléphone avec une copine pendant des heures, comme si on était encore des adolescentes;

- S'écrire des mots doux sur le miroir de la salle de bain avec un rouge à lèvres, pour se remonter le moral quand on se voit la face au lever.

Peu importe ce que vous faites pour vous faire plaisir, prenez-y plaisir. Se gâter n'est pas quelque chose de sérieux, il faut que ça se fasse spontanément, sans trop de flaflas.

UN ANIMAL DE COMPAGNIE

Un animal domestique, même si c'est un poisson rouge, peut largement contribuer à notre bonheur. Toutes celles qui possèdent un animal sont sûrement plus heureuses que celles qui n'en ont pas. Un animal ne juge pas, il nous aime, quoi que l'on fasse, peu importe notre état, notre humeur, et il se satisfait toujours de notre présence. Il nous pardonne facilement nos sautes d'humeur et ne s'enfarge pas dans les détails pour nous démontrer de l'affection. De plus, juste s'occuper d'un animal réduit le stress. Comme l'animal attire notre attention, il nous éloigne de nos soucis personnels et nous permet de passer à autre chose.

Le chien, par exemple, nous aide à rester active et permet de faire d'agréables rencontres. Aller marcher avec son toutou toujours dans le même parc nous permet de faire la connaissance d'autres habitués.

Avec un animal à la maison, certaines se sentent plus en sécurité, d'autres y trouvent un baume à leur solitude. Un animal est presque une nécessité pour les célibataires. Comme on doit s'occuper d'un être vivant qui n'est pas sa petite personne, ça évite de trop se centrer sur soi-même. Les animaux nous aident à rire et à garder notre sens de l'humour. Et que dire de l'amour qu'un chien ou un chat nous porte! Pour bien des femmes, c'est souvent mieux que l'amour d'un homme.

Les filles, votre animal de compagnie

« *Je ne pourrais pas vivre sans ma Loulou, une chatte hyperactive qui est collante comme du velcro. Mais, surtout, je ne pourrais pas vivre sans mon chat, mon amour, mon Roméo, un siamois tout à fait adorable. Il me fait tellement rire, il est toujours collé sur moi, il est convaincu qu'il est mon conjoint. Quand un gars vient dormir à la maison, il est jaloux, il se couche dans le lit, en plein milieu et ne veut plus partir. Un vrai chien de garde! Si mon chat ne finit pas par accepter le gars chez moi, je sais que le gars n'en vaut pas la peine. Pour ça, mon chat a un meilleur jugement que moi. Il ne s'est jamais trompé.* »

Sophie, 30 ans

« *Cucci, une chatte tigrée que j'adore et qui m'adore. C'est une présence importante dans ma vie, surtout quand je suis seule. Elle me fait rire par son comportement un peu hystérique!* »

Léa, 29 ans

175

«Mon chaton s'appelle Mathéo et il est mon meilleur ami. Si je ne l'avais pas, je serais bien en peine. On est les deux meilleurs amis du monde!»

Miss Lili, 29 ans

«Il s'appelle Stéphane, je suis mariée avec lui depuis trop longtemps, mais pour l'instant, il gagne ma vie.»

Laurence, 35 ans

«Ma chienne Pinotte, elle est tellement laide qu'elle en est belle à croquer. Presque humaine, c'est un membre de la famille, c'est ma deuxième fille.»

Myriam, 26 ans

«Mon gros toutou Kelly-Ann, un terrier. Il me tient compagnie, c'est tout. Il a une grande place dans ma vie, dans mon quotidien.»

Marianne, 44 ans

«Nikita, l'amour de ma vie. Son amour pour moi est inconditionnel, elle est la seule qui me voie et qui puisse m'endurer dans mes plus mauvais jours.»

Fanny, 27 ans

Les filles, combien de temps riez-vous dans une journée?

«Je ne sais pas combien de temps, mais je sais que c'est souvent. Quand je ne ris pas, je m'arrange pour faire rire. Ça m'est remis!»

Laurence, 35 ans

«Beaucoup, mais jamais assez à mon goût. J'aimerais rire tout le temps.»
    Sophie, 30 ans

«Quelques heures sûrement ces temps-ci, je suis en forme et pleine d'énergie.»
    Miss Lili, 29 ans

«Minimum 15 minutes!»
    Léa, 29 ans, et Fanny, 27 ans

«Rire pendant au moins 10 minutes temps plein, et plein de sourires.»
    Lucie, 30 ans

«Pas mal... beaucoup... tellement. Je ris beaucoup plus dans mon quotidien que quand j'écoute une émission comique ou que je vais voir un humoriste en spectacle.»
    Solange, 32 ans

«Au moins 20 minutes... Si je ne suis pas dans mon SPM.»
    Myriam, 26 ans

«Souvent, quatre ou cinq heures.»
    Agathe, 32 ans

«Le plus souvent possible, ça me garde vivante.»
    Virginie, 22 ans et Anne, 31 ans

«Tout le temps... Sérieusement, au moins deux heures.»
    Marianne, 44 ans

LE RIRE

Pour acquérir et conserver une bonne santé mentale, il faut rire. Peu importe le problème qui survient, si vous réussissez à en rire, vous le trouverez beaucoup moins dramatique. Il ne sera peut-être pas moins grave, mais le fait d'en rire vous permettra de prendre du recul et de voir les choses autrement, sous un angle différent. Une Happy Girl a le rire facile. Même si ce qui arrive n'est pas toujours drôle, quand on ne peut rien faire d'autre, mieux vaut en rire.

Comme l'activité physique ou le sommeil, le rire est essentiel. Riez au moins 10 minutes par jour; si vous n'avez pas le cœur à rire, forcez-vous. C'est comme l'appétit qui vient en mangeant… Si vous faites semblant de rire, vous finirez par rire réellement. Faites-le tous les jours, regardez un film drôle, une *sitcom* débile, écoutez une tribune téléphonique à la radio, riez des autres, gentiment, mais riez.

Si vous croyez que les débilités ne vous font pas rire, laissez-vous aller. Soyez de bonne foi, soyez bon public, détendez-vous et riez, sans préjugés. Rire, c'est comme faire l'amour: c'est bien meilleur quand on se laisse aller…

Les filles, qu'est-ce qui vous fait rire?

«Les jeux de mots, les gens distraits, mêlés, les films comiques trop niaiseux, mon chat qui s'invente des scénarios de chasse dans la maison.»
Léa, 29 ans

«*Tout me fait rire, mais surtout la bêtise humaine et les choses très absurdes.*»
Laurence, 35 ans

«*Les situations ridicules.*»
Fanny, 27 ans

«*Une émission de radio du matin, c'est grâce à ça que j'ai retrouvé le sourire après une période pas mal noire.*»
Miss Lili, 29 ans

«*Ma nièce, mes amis et mes chats.*»
Sophie, 30 ans

«*L'humour intelligent, les machos, les blondes et ma petite fille quand elle rigole.*»
Lucie, 30 ans

«*Mon fils, mon chum, les enfants, des émissions débiles, tout me fait rire sauf ce qui est censé être drôle.*»
Solange, 32 ans

«*Les situations ridicules et ma fille.*»
Myriam, 26 ans

«*Les gens pas de classe, les gens pathétiques, les imbéciles qui s'ignorent.*»
Agathe, 32 ans

«*Tout, même moi.*»
Virginie, 22 ans, et Marianne, 44 ans

«*Les gens drôles, les bons raconteurs.*»
Anne, 31 ans

HAPPY GIRL EN VOITURE

L a patience est une vertu, certes, mais c'est aussi votre meilleure arme pour survivre dans votre voiture. Les embouteillages, les conducteurs agressifs pour ne pas dire carrément dangereux, les travaux sur les routes, les mauvaises conditions, les panneaux publicitaires, les cyclistes et les piétons téméraires font partie des irritants que rencontrent chaque jour les conducteurs.

Histoire de ne pas perdre les pédales, voici quelques trucs pour passer du temps agréable dans votre voiture, peu importe ce qui se passe dehors.

Quand vous roulez, chantez! Enterrez la radio, prenez-vous pour une diva. Profitez-en, personne ne peut vous entendre.

Lors d'un embouteillage, en gardant quand même un œil sur la route, profitez-en pour faire vos appels avec votre cellulaire, flirtez avec les conducteurs des voitures voisines, souriez, envoyez la main, amusez-vous! Vous pouvez même faire votre liste d'épicerie, vous maquiller et vous masturber. Autres suggestions: limez vos ongles, épilez vos sourcils, déjeunez.

Si vous restez prudente et que vous regardez où vous allez, le pire qui puisse vous arriver, c'est de faire sourire les conducteurs des voitures voisines.

Les filles, votre attitude en voiture

«J'ai une conduite plutôt agressive. J'aime ça quand ça roule. Je suis très prudente, par contre. Je suis patiente le matin, mais après, ça se gâte.»

Miss Lili, 29 ans

«Je suis patiente, je conduis comme une mémère. Un peu peureuse, finalement.»

Myriam, 26 ans

«Lorsque je conduis, je me donne un air agressif. Faut dire qu'à 1,45 m, on fait pas peur à personne, faut donc se donner des airs. Quand je suis passagère par contre, je suis très patiente et j'accuse le conducteur d'aller trop vite...»

Marianne, 44 ans

«Je suis du genre agressive. C'est dans mon sang, je suis comme mon père. J'engueule les autres conducteurs, mais je verrouille les portières.»

Agathe, 32 ans

«Agressive, j'aime ça quand ça va vite. Pas de niaisage, je sais où je m'en vais. Mais je n'aime pas faire de longs trajets.»

Virginie, 22 ans

«Je suis plutôt agressive. En général, je suis très cow-boy...»

Fanny, 27 ans

«Ça dépend si je suis en retard ou non, et si les enfants sont dans la voiture. Quand je suis seule et en retard, je ne suis pas patiente du tout.»

Anne, 31 ans

HAPPY GIRL EN RETRAITE FERMÉE

Quand nous nous sentons fatiguées, au bout du rouleau et que nous ne pouvons pas nous offrir de vacances en dehors de la maison par manque de temps ou de moyens, rien ne nous empêche de faire nos valises pour nous ressourcer, direction notre propre maison. Offrons-nous une retraite fermée *at home*, idéale avant de faire un *burnout* ou pour faire le point sur notre vie, ou simplement pour nous reposer. Nous devons d'abord nous assurer que nous aurons la maison à nous toutes seules pour tout le week-end.

Le vendredi soir, on achète tout ce qu'il faut pour passer la fin de semaine sans mettre le nez dehors. On se procure des bougies, quelques bons bouquins, des magazines, de quoi écrire et dessiner, du bon vin, du chocolat, enfin tout ce qui fait plaisir. On débranche tout, télé, ordinateur, téléphone, cellulaire, téléavertisseur, tout ce qui peut relier à l'extérieur. On verrouille la porte, on ferme les rideaux et on profite de soi toute la fin de semaine. On dort, on lit, on dessine, on écrit ou on danse toute nue en plein milieu du salon. On fait ce qu'on veut, seule avec soi-même.

Si, après quelques heures, on ne supporte plus le silence, on met de la musique qu'on aime, et si ce n'est pas assez, on peut ouvrir la télé. Mais on évite de prendre le téléphone ou d'ouvrir l'ordinateur, on prend le week-end pour se recentrer sur soi, pour faire le plein, pour décrocher. Et le lundi matin, on sera reposée, ressourcée et prête à attaquer le boulot. Il est préférable d'avertir les amis et les proches qu'on ne sera pas disponible de la fin de semaine afin d'éviter qu'ils ne s'inquiètent, ou qu'ils ne nous visitent.

Et peu importe où l'on en est et comment on se sent, on est toutes plus ou moins mûres pour des vacances...

Les filles, vos dernières vacances...

«*Deux jours à New York il y a deux ans... Pas assez long, trop fatigant. Depuis, plus rien. Je pense que je suis mûre pour quelques semaines dans le sud...*»
Sophie, 30 ans

«*L'été dernier, j'ai passé trois jours dans une auberge toute seule, pas de bébé, pas de conjoint. Même si j'ai rencontré des gens et que je n'ai pas vraiment été seule, ça m'a fait du bien.*»
Solange, 32 ans

«*À Wildwood il y a quelques mois, avec mon ex. Mes prochaines vacances? La Floride!*»
Agathe, 32 ans

«*Ça remonte à pas mal loin, un voyage de filles un peu trop court, qui s'annonçait excitant mais qui n'a pas été terrible finalement.*»
Virginie, 22 ans

«*Un week-end en campagne dans une petite auberge... J'en prendrais bien un comme ça tous les mois.*»
Lucie, 30 ans

«*L'été dernier, une semaine à la campagne dans de petites auberges champêtres. J'ai trop mangé, trop bu et trop engraissé, mais c'était tellement le fun!*»
Léa, 29 ans

«Mes dernières vacances remontent à quelques mois. Je suis allée en voyage avec mon amoureux de l'époque, mon ex aujourd'hui. Sur le coup, j'ai passé de superbes vacances, mais quand j'y repense, ça me fout le cafard.»

Miss Lili, 29 ans

«Ça remonte à... quatre ans!? C'est bien loin! Snif! Snif!»

Anne, 31 ans

«L'été dernier, seule avec une amie dans un chalet au bord d'un lac magnifique, sans conjoint, sans enfants, sans faire de repas, rien! De 10 heures le matin à 8 heures le soir dans le lac, à faire de la planche à voile ou du voilier ou simplement rien... Nous avons mangé des cornets de crème glacée et des friandises pour ne pas à avoir à faire les repas et la vaisselle! Mes seules vraies vacances en 44 ans!»

Marianne, 44 ans

Les filles, seules à la maison, vous prenez-vous pour une star?

«Oui! Je chante à tue-tête par-dessus les chansons que je fais jouer et je m'imagine sur une grande scène avec la foule qui hurle son admiration et son amour pour moi!»

Agathe, 32 ans

«Je répète mon discours de remerciements pour tous les galas pas possibles. Mes réponses sont prêtes si un jour je suis interviewée par Robert Guy Scully ou Jay Leno. Quand je suis seule, je passe mon temps à être une star dans ma tête... Quand je travaille, devant mon ordinateur, je suis une grande romancière ou une auteure télé à succès, même si je suis en train de rédiger une soumission pour un contrat. Quand il y a des gens avec moi, je me prends juste pour moi, et c'est déjà pas mal. »

Sophie, 30 ans

« Je suis surprise par la question, mais si ça peut faire du bien, j'essaie! »

Fanny, 27 ans

« Oui! Je m'invente des dialogues avec un interviewer. Surtout quand je suis stressée et que je dois me changer les idées. Souvent avant d'étudier pour un examen, mais je me soupçonne aussi de faire ça pour perdre du temps... »

Léa, 29 ans

« Je chante toute seule dans mon salon. Dans ce temps-là, je suis meilleure que Céline Dion. »

Myriam, 26 ans

« Je chante et je danse pendant que je fais le ménage. Le chiffon dans la main, je deviens la star de la chanson! J'ai des chorégraphies, je suis talentueuse, la foule m'acclame, me réclame, ne peut pas se passer de moi! Je chante avec toutes mes tripes! Je suis une star! »

Laurence, 35 ans

« Chaque fois que je m'achète une robe, je m'imagine la porter dans un gala. Je me vois, avec ma robe, monter sur scène pour aller chercher mon trophée. Chez moi, je me prends pour Madonna, je chante, je danse et j'ai un public béat d'admiration: mon fils de 1 an! Le président de mon fan club! »

Solange, 32 ans

« Oui, je chante et je me prends pour la meilleure chanteuse du monde, avec le boyau de l'aspirateur comme micro ou la bouteille de nettoyant comme guitare, en faisant le ménage la plupart du temps.

Je fais ça parce que ça m'amuse. Je peux pratiquer mes vocalises, je chante très mal.»

Marianne, 44 ans

BE THE STAR OF YOUR LIFE

D evenez la star de votre vie, la vedette de votre quotidien, prenez-vous pour qui vous voulez, histoire de décrocher.

Évadez-vous dans votre imaginaire pendant les tâches quotidiennes, elles vous paraîtront beaucoup moins lourdes et ennuyantes. Associez à chacune de ces tâches une façon de vous évader.

Par exemple:

— Chantez comme si vous étiez Céline Dion en lavant votre salle de bain;

— Récitez des poèmes en faisant la vaisselle;

— Répondez aux questions que Jay Leno vous poserait si vous alliez au *Tonight Show* pendant que vous époussetez;

— Faites votre discours de remerciements aux Oscars pendant le repassage;

— Chantez comme Julie Andrews dans *La mélodie du bonheur* pendant que vous faites votre lit;

- Imaginez que vous êtes Martha Stewart quand vous faites la cuisine: il y a une caméra devant vous et vous faites votre recette pour le public;

- Annoncez gravement à Brad Pitt que vous le quittez pendant que vous lavez votre plancher;

- Dansez comme Britney Spears en passant l'aspirateur;

- Répondez aux questions du *Paris-Match* pendant que vous nettoyez vos miroirs;

- Pensez que vous êtes l'héroïne d'un film d'action et que vous avez une heure et demie pour faire votre ménage, sans quoi, le monde sera anéanti par des extraterrestres. Très efficace quand on est pressée;

- Jouez à la comptable quand vous faites vos comptes. Sortez votre calculatrice, vos factures, écoutez une émission sur la finance, mettez vos lunettes, prenez-vous pour une grande gestionnaire qui gère des millions en ajoutant des zéros dans votre tête sur tous vos chiffres.

Et tant qu'à se prendre pour une star, pourquoi ne pas agir comme si vous en étiez une? Quelques idées:

- Arrivez la première dans la salle de cinéma pour vous faire croire que vous avez loué la salle;

- Passez deux heures dans votre salle de bain comme si c'était un spa;

- Allez visiter des condos très dispendieux et des maisons de luxe en vous faisant passer pour la maîtresse d'un riche homme d'affaires qui tient à vous offrir un petit cadeau. Vous pouvez ainsi éviter de donner des détails sous prétexte que vous voulez rester discrète;

- Allez au cinéma et, à la fin du film, levez-vous et dites aux gens dans la salle que vous êtes très touchée qu'ils soient venus voir votre film;

187

— Prenez le train en classe affaire au lieu de l'autobus, pour les longs trajets; c'est quelques dollars de plus, mais c'est peu cher payé pour porter un tailleur et flirter avec des hommes d'affaires pendant le trajet en vous faisant passer pour qui vous voulez, une riche héritière par exemple.

Les filles, si vous étiez une star, qu'est-ce que vous vous permettriez de faire?

«*Signer des autographes.*»
Marianne, 44 ans

«*Tout.*»
Myriam, 26 ans

«*J'aurais plein de gens à mon service. Autant pour mon travail qu'à la maison. Je n'aurais plus à gérer ma vie et ma carrière; on le ferait pour moi et je ne pourrais être que moi.*»
Laurence, 35 ans

«*Je ferais des super soirées avec des fontaines de champagne et j'amènerais tous ceux que j'aime en croisière, sur mon bateau!*»
Agathe, 32 ans

«*Dépenser énormément pour m'habiller et m'habiller de façon très extravagante.*»
Léa, 29 ans

«*Organiser des soirées grandioses pour tous mes amis, donner des emplois de rêve à tous ceux que je connais et qui le veulent, gâter ma famille et envoyer chier avec le sourire tous ceux et celles qui m'ont fait du mal dans le passé. Je n'irais pas jusqu'à détruire leur vie, juste*

salir un peu leur réputation ou leur refuser l'entrée à mes fabuleuses réceptions.»
    Sophie, 30 ans

«Acheter tout ce qui me fait envie, sans culpabilité.»
    Virginie, 22 ans

«Je me vanterais jour et nuit!»
    Anne, 31 ans

«Rien de plus, rien de moins... Enfin, je pense.»
    Fanny, 27 ans

«J'aurais une nounou de qualité pour s'occuper de mon fils afin que je me repose un peu. Je voyagerais beaucoup, je dépenserais beaucoup. Je resterais moi-même, mais avec plus de moyens.
    Solange, 32 ans

HAPPY GIRL, VOUS VOILÀ!

Nous vous avons donné des outils, des pistes pour réfléchir, des moyens pour vous faire sourire, des suggestions pour vous faire plaisir, des trucs pour arriver à vos fins, mais vous aviez déjà en vous tout ce qu'il faut pour être parfaitement heureuse. Votre Happy Girl est là, donnez-lui de l'air et laissez-la respirer! Montrez-la au grand jour! Faites-la parader tous les jours de votre vie!

Le bonheur c'est comme Noël: il faut se mettre dans l'ambiance pour en profiter. Il ne nous apparaît pas comme une illumination; c'est plutôt un travail qui demande de l'attention, du temps et du gros bon sens. Apprendre à être heureuse n'est pas si difficile; il s'agit de le vouloir et d'agir dans la vie, dans le quotidien, en fonction de son bonheur.

Usez de tout ce qu'il faut pour trouver votre bonheur. C'est la chose la plus importante dans votre vie, c'est ce qui transforme votre vie en une aventure extraordinaire dont vous êtes l'héroïne. Le bonheur fait déjà partie de vous et il est votre meilleur atout pour vivre votre vie comme vous l'entendez, pour récolter tout ce que vous semez, pour aimer la personne la plus importante de votre vie – vous-même – et lui offrir tout ce qu'elle désire.

Et être heureuse est un geste très altruiste, car comme l'a écrit Albert Jacquard: «*Être ouvertement heureux donne aux autres la preuve que le bonheur est possible.*» Le bonheur est contagieux, soyez heureuse pour contaminer tous ceux que vous croiserez dans votre vie.

HAPPY GIRL, BIENVENUE!

TABLE DES MATIÈRES

Achevé d'imprimer au Canada
sur papier Enviro 100 % recyclé
sur les presses de Imprimerie Lebonfon Inc.

100%